1日

6級の復習テスト(1)

読み

時間 20分【はやい15分・おそい25分】
合格 80点(一つ4点)
得点　　点
月　日

1 ――線の漢字の読み方を書きなさい。

① 照明をつける。
② 好物はうどんだ。
③ 松竹梅の図。
④ 改変を行う。
⑤ 約束をして別れる。
⑥ 低音がよくひびく。
⑦ 体重を量る。
⑧ 決勝進出を果たす。

2 ――線の漢字の読み方を書きなさい。

① 節分に豆をまく。
② 部屋が散らかる。
③ 清流のそばで休む。
④ 山々が連なる。
⑤ 固定的な考え。
⑥ 着物の帯をしめる。
⑦ 池の底にしずむ。
⑧ 動物に例えて言う。

3 ――線の漢字の読み方を書きなさい。

① 手鏡を見る。
② 長老をみなで祝福する。
③ ライバルに敗れる。
④ 悪の軍団。
⑤ なぞに満ちた生物。
⑥ 勇ましいすがた。
⑦ 二人で対戦する。
⑧ 貨物列車が通る。

6級の復習テスト(1) 書き

月　日

時間 20分【はやい15分・おそい25分】
合格 80点（一つ4点）
得点　　点

※（　　）は送りがなも書きなさい。

1 次の漢字を書きなさい。

① 大会の□□《しょにち》。
② （　　）《まわり》を見る。
③ 作品に手を（　　）《くわえる》。
④ □《うめ》の花がさく。
⑤ 空を（　　）《とぶ》。
⑥ □□《かんかく》がするどい。
⑦ クラスで□□《がっしょう》する。
⑧ 遠くまで（　　）《つづく》。

2 次の漢字を書きなさい。

① スープを（　　）《さます》。
② □□《ひょうご》県の□□《めんせき》。
③ 紙を半分に（　　）《おる》。
④ 鳥の□《す》を見つけた。
⑤ □□《かいてい》をたんけんする。
⑥ 庭に石を（　　）《おく》。
⑦ □□《ぼくじょう》で牛を見る。
⑧ □□《さいご》のあいさつ。

3 次の漢字を書きなさい。

① □□《だいじん》が発言する。
② □□《けんこく》記念の日。
③ □□《ゆうはん》を食べる。
④ 工作の□□《ざいりょう》を集める。
⑤ □□《えいご》が話せる。
⑥ 三日□□《いじょう》まつ。
⑦ □□《ねんまつ》の大そうじ。
⑧ □□《やさい》を食べる。

2日 6級の復習テスト(2) 読み

月　日

時間 20分 【はやい15分・おそい25分】
合格 80点 (一つ4点)
得点　点

1 ——線の漢字の読み方を書きなさい。

① 日本初のできごと。
② あとから追　加する。
③ 世界平和を願う。
④ 表　札をかかげる。
⑤ 広い飛　行　場。
⑥ 目が覚める。
⑦ ワッペンを付ける。
⑧ 呪文《じゅもん》を唱える。

2 ——線の漢字の読み方を書きなさい。

① 必　死になって戦う。
② カーブが連　続する。
③ 今回は例　外です。
④ 荷物を積む。
⑤ 次の角を右　折する。
⑥ 冷　静になりなさい。
⑦ 一　輪　車に乗る。
⑧ 鉄道の博　物　館。

3 ——線の漢字の読み方を書きなさい。

① 訓　読みを覚える。
② 単　位をそろえる。
③ 固いきずな。
④ かがやかしい未　来。
⑤ きずを治す。
⑥ アシカの曲　芸。
⑦ 全国各　地のニュース。
⑧ 街の中心部。

6級の復習テスト(2) 書き

月　日

時間 20分【はやい15分・おそい25分】

合格 80点（一つ4点）

得点　点

1 次の漢字を書きなさい。

① 太陽が（　）《てり》つける。

② □□《ねんがん》がかなう。

③ □□《しき》の□□《ふうけい》。

④ バラが（　）《すき》だ。

⑤ 神社でお□《ふだ》をもらう。

⑥ 雑誌《ざっし》の□□《ふろく》。

⑦ □□《かんかく》がするどい。

⑧ □□《はなたば》をおくる。

2 次の漢字を書きなさい。

① たけの（　）《ひくい》草。

② 十の□《くらい》の数。

③ 朝顔が□□《はつが》する。

④ 水で身を（　）《きよめる》。

⑤ 人生の□□《ふしめ》。

⑥ □□《みぎがわ》に立つ。

⑦ 弟と言い（　）《あらそう》。

⑧ 駅前の□□□《しょうてんがい》。

3 次の漢字を書きなさい。

① 入会を□□《きぼう》する。

② □□《きかい》じかけで動く。

③ □□《ちょっけい》五メートルの円。

④ □□《なんきょく》を目指す。

⑤ 六年生が□□《そつぎょう》する。

⑥ □□□《おんがくたい》のえんそう。

⑦ ダンスが□□《じょうたつ》する。

⑧ □□《かんぜん》にやり終える。

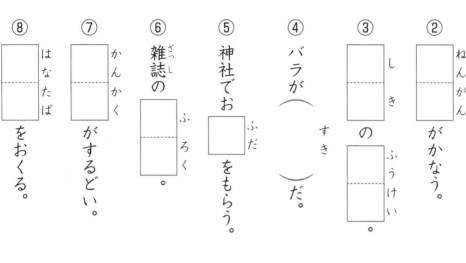

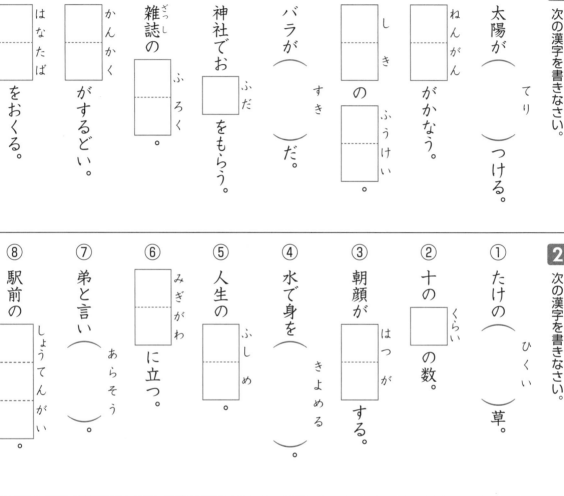

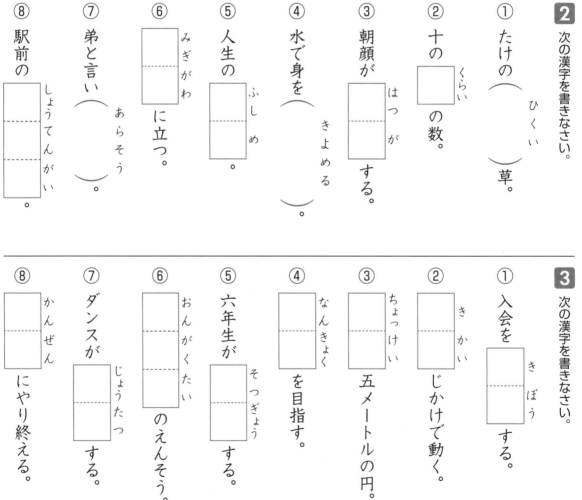

3日 6級の復習テスト(3) 読み

月　日

時間 20分【はやい15分・おそい25分】
合格 80点（一つ4点）
得点　点

1 ——線の漢字の読み方を書きなさい。

① 焼けぐあいをみる。（　）
② 食べ物の消化器官。（　）（　）
③ 友人に本を借りる。（　）
④ この位置を動くな。（　）（　）
⑤ 冷たいジュース。（　）
⑥ 多量の雨がふる。（　）（　）
⑦ 一目散ににげる。（　）（　）
⑧ 周囲《い》八キロメートルの池。（　）

2 ——線の漢字の読み方を書きなさい。

① 最も寒い朝。（　）
② 観察日記。（　）（　）
③ 改めて言う。（　）
④ 着地に成功する。（　）（　）
⑤ 包帯をまく。（　）（　）
⑥ 菜種油を使う。（　）（　）
⑦ 健康をとりもどす。（　）（　）
⑧ 月の輪熊。（　）

3 ——線の漢字の読み方を書きなさい。

① 笑い話をする。（　）
② 仲間を作る。（　）（　）
③ 国を治める。（　）
④ しょうゆを加える。（　）
⑤ 刷り方を失敗する。（　）（　）（　）
⑥ 働き方を見直す。（　）
⑦ 満開のさくら。（　）（　）
⑧ すいせんが芽を出す。（　）

6級の復習テスト(3) 書き

月　日

時間 20分 【はやい15分・おそい25分】
合格 80点 (一つ4点)
得点　　点

1 次の漢字を書きなさい。

① （　）《つれ》の人を待つ。

② 美しい□□《ふうけい》。

③ □□《きゅうしょく》を配る。

④ □□《ろうどう》組合。

⑤ にぎり□《めし》。

⑥ ビルを（　）《たてる》。

⑦ □□《けっか》を発表する。

⑧ □□《でんとう》をつける。

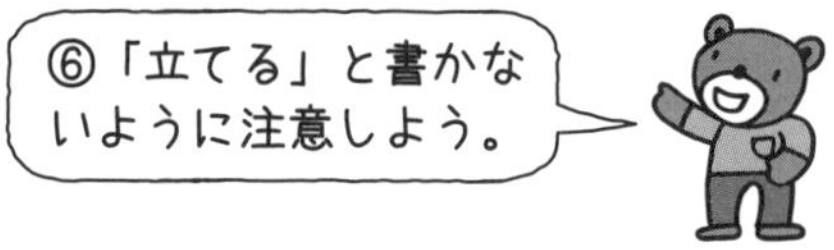

2 次の漢字を書きなさい。

① （　）《あさい》川をわたる。

② 本を□□《いんさつ》する。

③ お金を（　）《うしなう》。

④ 年（　）《おい》た両親。

⑤ 池に水が（　）《みちる》。

⑥ □□《れんぞく》して起こる。

⑦ 落ち葉が（　）《つもる》。

⑧ （　）《はじめ》から読む。

3 次の漢字を書きなさい。

① □□□《ぼうえんきょう》で見る。

② 例を（　）《あげる》。

③ □□《じゅうみん》が多い。

④ □□《ゆうき》のある人。

⑤ （　）《ひえ》たビール一本。

⑥ 「休め」の□□《ごうれい》。

⑦ □《まつ》の木を（　）《このむ》。

⑧ さくらの花が（　）《ちる》。

4日 仏・告・墓・造・往・復

1 仏

画数 4

音 ブツ
訓 ほとけ
部首 亻（にんべん）
意味 この世のすべてのことを知り、さとりを開いた人。

・筆順どおりに書きなさい。
1 ノ　2 亻　3 仏　4 仏（とめる）

・――線の漢字の読み方を書きなさい。
① 念仏。（　　）
② 仏様。（　　）
③ 仏教。（　　）
④ 大仏。（　　）

2 告

画数 7

音 コク
訓 つげる
部首 口（くち）
意味 つげる。知らせる。

・筆順どおりに書きなさい。
1 ノ　2 𠂉　3 牛（つきだす）　4 生（ながく）　5 牛　6 告　7 告

・――線の漢字の読み方を書きなさい。
① 車内の広告。（　　）
② 報《ほう》告。（　　）
③ 春を告げる。（　　）
④ 予告。（　　）

3 墓

画数 13

音 ボ
訓 はか
部首 土（つち）
意味 死んだ人をほうむる所。

・筆順どおりに書きなさい。
1 一　2 十　3 艹　4 艹　5 节　6 7 苩　8 苩（ながく）　9 莫（つきだす）　10 莫　11 墓　12 墓　13 墓

・――線の漢字の読み方を書きなさい。
① お墓参り。（　　）
② 墓地。（　　）
③ 墓前にそなえる。（　　）

4 造

画数 10

音 ゾウ
訓 つくる
部首 辶（しんにょう・しんにゅう）
意味 品物、家などをこしらえる。つくる。

・筆順どおりに書きなさい。
1 ノ　2 𠂉（まっすぐしたに）　3 牛　4 生　5 牛　6 告　7 告　8 告　9 浩（ひとふでて）　10 造

・――線の漢字の読み方を書きなさい。
① 造船所。（　　）
② 木造の家。（　　）
③ 池を造る。（　　）
④ 建造物。（　　）

5 往

画数 8

音 オウ
訓 ―
部首 彳（ぎょうにんべん）
意味 前へ進むこと。すぎ去ること。昔。

・筆順どおりに書きなさい。
1 ノ　2 彡　3 彳　4 彳（てん）　5 行　6 行　7 往　8 往（ながく）

・――線の漢字の読み方を書きなさい。
① 往路を走る。（　　）
② 往診《しん》する。（　　）
③ 車の往来。（　　）
④ 右往左往（　　）

6 復

画数 12

音 フク
訓 ―
部首 彳（ぎょうにんべん）
意味 元にもどる。くり返す。仕返しする。

・筆順どおりに書きなさい。
1 ノ　2 彡　3 彳　4 彳　5 彳　6 彳　7 彳　8 彳　9 彳　10 復　11 復　12 復（はらう）

・――線の漢字の読み方を書きなさい。
① 往復はがき。（　　）
② 復習する。（　　）
③ 反復練習。（　　）
④ 復帰する。（　　）

書いてみよう

月　　日

時間 20分
【はやい15分・おそい25分】
合格 20問
正答 ／24問

1

① 木の□《ぶつ》像《ぞう》。

② □□《ほとけさま》をおがむ。

③ □□《ぶっきょう》の伝来。

④ □□《ねんぶつ》を唱える。

2

① 新聞□□《こうこく》。

② 時を（　《つげる》　）。

③ 父に報《ほう》□《こく》する。

④ 映画《えいが》の□□《よこく》へん。

3

① お□《はか》参り。

② □□《はかいし》をたてる。

③ うらの□□《ぼち》。

④ □□《ぼぜん》にそなえる。

4

① □□□《ぞうせんじょ》。

② 大きな池を（　《つくる》　）。

③ □□□《けんぞうぶつ》。

④ □□《もくぞう》の家。

5

① 車の□□《おうらい》。

② 医者の□《おう》診《しん》。

③ マラソンの□□《おうろ》。

④ □□□□《うおうさおう》する。

6

① □□《おうふく》はがき。

② □□《はんぷく》練習。

③ 漢字の□□《ふくしゅう》。

④ 人気が□□《かいふく》する。

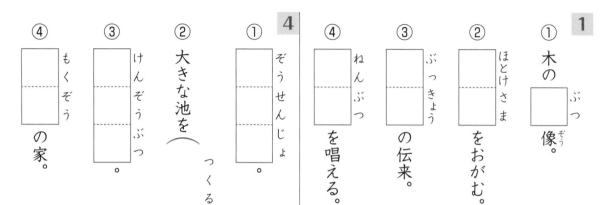

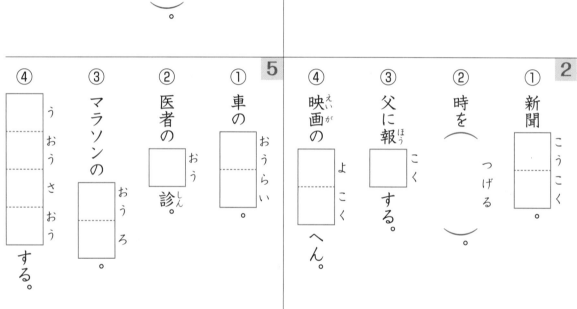

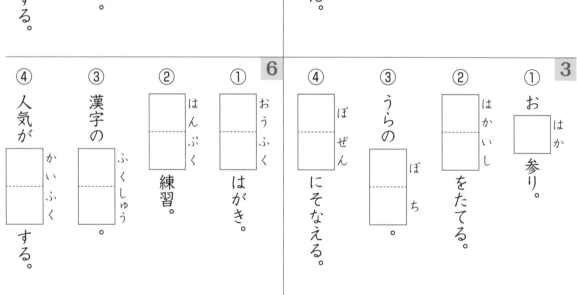

5日 張・確・解・適・判・断

張 7

画数 11

音 チョウ
訓 はる
部首 弓(ゆみへん)
意味 はる。広げて大きくする。いいはる。

• 筆順どおりに書きなさい。

——線の漢字の読み方を書きなさい。

① 意見を主張する。（　　）
② 氷が張る。（　　）
③ 海外出張。（　　）

確 8

画数 15

音 カク
訓 たしか・たしかめる
部首 石(いしへん)
意味 まちがいのないこと。たしかめる。かたい。

• 筆順どおりに書きなさい。

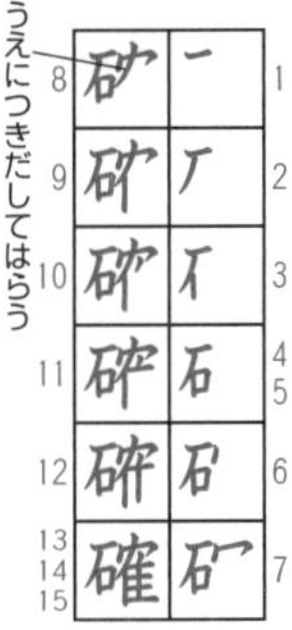

——線の漢字の読み方を書きなさい。

① 正確な時計。（　　）
② 確かな話。（　　）
③ 当選確実。（　　）
④ 確信する。（　　）

解 9

画数 13

音 カイ・(ゲ)
訓 とく・とかす・とける
部首 角(つのへん)
意味 ばらばらにする。わかる。さとる。

• 筆順どおりに書きなさい。

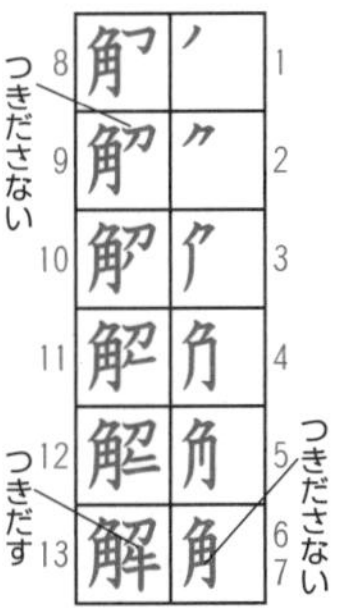

——線の漢字の読み方を書きなさい。

① 理解する。（　　）
② 問題を解く。（　　）
③ 解決する。（　　）
④ 雪解け。（　　）

適 10

画数 14

音 テキ
訓 ―
部首 辶(しんにょう・しんにゅう)
意味 かなう。ふさわしい。あてはまる。

• 筆順どおりに書きなさい。

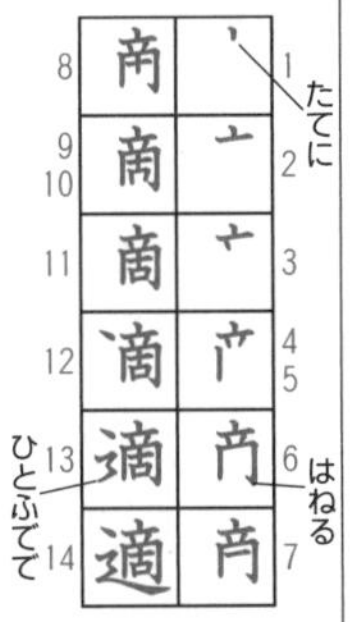

——線の漢字の読み方を書きなさい。

① 適切な助言。（　　）
② 適性《せい》テスト。（　　）
③ 適度な運動。（　　）
④ 適当な人。（　　）

判 11

画数 7

音 ハン・バン
訓 ―
部首 刂(りっとう)
意味 はっきりさせる。さばく。はんこ。紙の大きさ。昔の金貨。

• 筆順どおりに書きなさい。

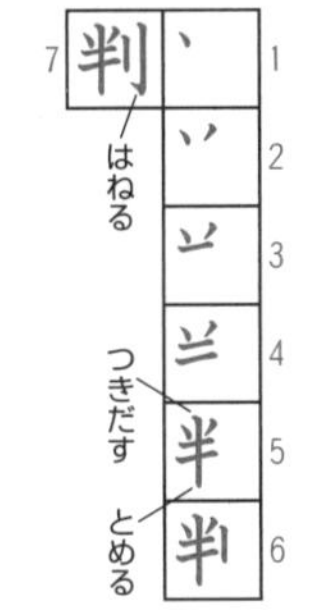

——線の漢字の読み方を書きなさい。

① 判明する。（　　）
② 小判。（　　）
③ 判をおす。（　　）
④ 判定勝ち。（　　）

断 12

画数 11

音 ダン
訓 (たつ)・ことわる
部首 斤(おのづくり)
意味 たち切る。切りはなす。きめる。

• 筆順どおりに書きなさい。

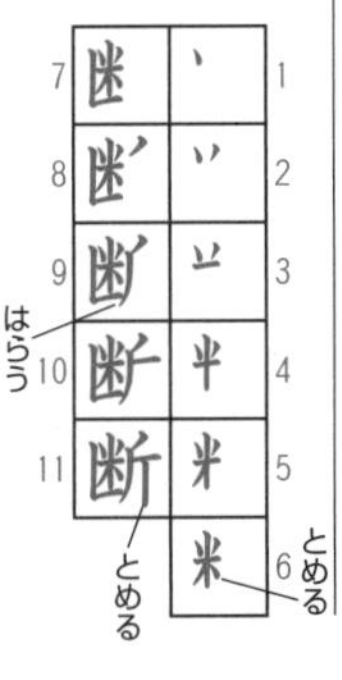

——線の漢字の読み方を書きなさい。

① 中断する。（　　）
② 横断歩道。（　　）
③ 要求を断る。（　　）
④ 正しい判断。（　　）

書いてみよう

月　日

時間 20分 【はやい15分・おそい25分】　合格 20問　正答 ／24問

7

① 氷が（　　）《はる》。

② 声を（　　）《はり》上げる。

③ 海外に□□《しゅっちょう》する。

④ 意見を□□《しゅちょう》する。

8

① □□《せいかく》な時計。

② （　　）《たしか》な証拠《しょうこ》。

③ □□《かくじつ》に行きます。

④ 場所を（　　）《たしかめる》。

9

① 問題を（　　）《とく》。

② □□《りかい》に苦しむ。

③ 事件《じけん》が□□《かいけつ》する。

④ 国会の□□《かいさん》。

10

① □□《てきせつ》な意見。

② □《てき》性《せい》テスト。

③ □□《てきとう》な大きさ。

④ □□《てきど》な運動をする。

11

① 昔の□□《こばん》。

② □□《はんてい》を下す。

③ 無実が□□《はんめい》する。

④ 書類に□《はん》をおす。

12

① 要求を（　　）《ことわる》。

② 試合が□□《ちゅうだん》する。

③ 正しい□□《はんだん》。

④ □□《おうだん》歩道。

月　日

6日 復習テスト(1) 読み

時間 20分【はやい15分・おそい25分】
合格 80点（一つ4点）
得点　点

1 ——線の漢字の読み方を書きなさい。

① 強く主張する。（　）（　）
② 確実に成功する。（　）（　）
③ よく理解する。（　）（　）
④ 往復のきっぷを買う。（　）（　）
⑤ 確かに持っていた。（　）
⑥ しょうじを張りかえる。（　）
⑦ 適当な返事をする。（　）（　）
⑧ なぞがやっと解けた。（　）

2 ——線の漢字の読み方を書きなさい。

① 裁《さい》判の無《む》罪《ざい》判決。（　）（　）
② 夜間に断水する。（　）
③ 広告を出す。（　）
④ 仏だんに花をそなえる。（　）
⑤ お墓にお参りする。（　）
⑥ 広く告知する。（　）（　）
⑦ 書類に判をおす。（　）
⑧ 仏様にお参りする。（　）

3 ——線の漢字の読み方を書きなさい。

① 造船の注文を受ける。（　）（　）
② 墓石をきれいにみがく。（　）（　）
③ 適切な意見。（　）（　）
④ 復活祭を祝う。（　）（　）（　）
⑤ お断りします。（　）
⑥ 大型船を造る。（　）
⑦ 復習に力を入れる。（　）（　）
⑧ 告げ口をする。（　）

復習テスト(1) 書き

月　日

時間 20分【はやい15分・おそい25分】
合格 80点（一つ4点）
得点　　点

1 次の漢字を書きなさい。

① 意見を□□《しゅちょう》する。
② 正しいと□□《かくしん》する。
③ 快《かい》□《てき》な生活。
④ 事件《じけん》を□□《かいけつ》する。
⑤ 人通りの多い□□《おうらい》。
⑥ （　）《たしかに》受け取った。
⑦ 帯が（　）《とける》。
⑧ ふすまを（　）《はり》かえる。

2 次の漢字を書きなさい。

① アウトの□□《はんてい》をする。
② これは□□《だんぜん》一位だ。
③ 答えを（　）《たしかめる》。
④ □□《こうこく》を見る。
⑤ 書類に□□《しゃばん》をおす。
⑥ 悪いさそいを（　）《ことわる》。
⑦ 春を（　）《つげる》。
⑧ □《ほとけ》の顔も三度

3 次の漢字を書きなさい。

① □□《ぼひょう》をたてる。
② バラの□□《ぞうか》をかざる。
③ お寺の塔《とう》を□□《ふくげん》する。
④ 電車で□□《おうふく》する。
⑤ 巨大《きょだい》な□《ぶつ》像《ぞう》を（　）《つくる》。
⑥ 医者に□《おう》診《しん》してもらう。
⑦ お□《はか》に花をそなえる。
⑧ 自分に□《てき》した仕事。

7日　設・個・質・賛・基・提

13 設

音　セツ
訓　もうける
部首　言（ごんべん）
意味　そなえつける。つくる。こしらえる。

画数　11

・筆順どおりに書きなさい。

てん　うえにはねる　くっつけない

━線の漢字の読み方を書きなさい。

① 建設会社。　② 設備《び》が良い。
③ 設計する。　④ 口実を設ける。

14 個

音　コ
訓　―
部首　イ（にんべん）
意味　一つ。ひとり。そのもの。物を数えるときにそえる言葉。

画数　10

・筆順どおりに書きなさい。

とめる　たてに

━線の漢字の読み方を書きなさい。

① 個人を大切にする。
② 六個入り。　③ 個性《せい》的な人。

15 質

音　シツ・（シチ）・（チ）
訓　―
部首　貝（かい・こがい）
意味　生まれつきのもの。おおもとのもの。かざらない。たずねる。

画数　15

・筆順どおりに書きなさい。

はらう　とめる

━線の漢字の読み方を書きなさい。

① 質問。　② 素直《すなお》な性《せい》質。
③ 品質が良い。　④ 体質改善《かいぜん》。

16 賛

音　サン
訓　―
部首　貝（かい・こがい）
意味　助けること。ほめたたえること。

画数　15

・筆順どおりに書きなさい。

とめる　はらう

━線の漢字の読み方を書きなさい。

① 賛成の人。　② 賛助する。
③ 絶《ぜっ》賛上映中《じょうえいちゅう》の映画《えいが》。

17 基

音　キ
訓　（もと）・（もとい）
部首　土（つち）
意味　ものごとの土台。ものごとの大もと。

画数　11

・筆順どおりに書きなさい。

はらう　はらう　さゆうにつきださない　ながく

━線の漢字の読み方を書きなさい。

① 基本を習う。　② 採点《さいてん》基準《じゅん》。
③ 南極越冬隊《えっとうたい》の基地。

18 提

音　テイ
訓　（さげる）
部首　扌（てへん）
意味　手にさげる。持ち出す。差し出す。

画数　12

・筆順どおりに書きなさい。

はねる　みぎうえに

━線の漢字の読み方を書きなさい。

① 提案する。　② 提出する。
③ 問題を提起する。

書いてみよう

月　日

時間 20分【はやい15分・おそい25分】
合格 20問
正答　／24問

13

① □□《けんせつ》会社。

② 口実を（　　）《もうける》。

③ □《せつ》備《び》の良い学校。

④ □□□《せっけいず》をかく。

14

① □《こ》性《せい》をのばす。

② □□《ろっこ》入りの箱。

③ □□□《こじんてき》な意見。

④ □□《こべつ》に会見する。

15

① □□《しつもん》する。

② □□《あくしつ》ないたずら。

③ 熱が出やすい□□《たいしつ》。

④ □《しっ》素《そ》なくらし。

16

① □□《さんせい》する。

② 子供会《こどもかい》を□□《さんじょ》する。

③ 絶《ぜっ》□《さん》上映中《じょうえいちゅう》の映画《えいが》。

④ 申し出に□□《さんどう》する。

17

① □□《きほん》が大切。

② □《き》礎《そ》を固める。

③ 南極の□□《きち》。

④ 採点《さいてん》の□《き》準《じゅん》。

18

① □□《ていあん》する。

② 答案を□□《ていしゅつ》する。

③ 問題を□□《ていき》する。

④ 道具を□《てい》供《きょう》する。

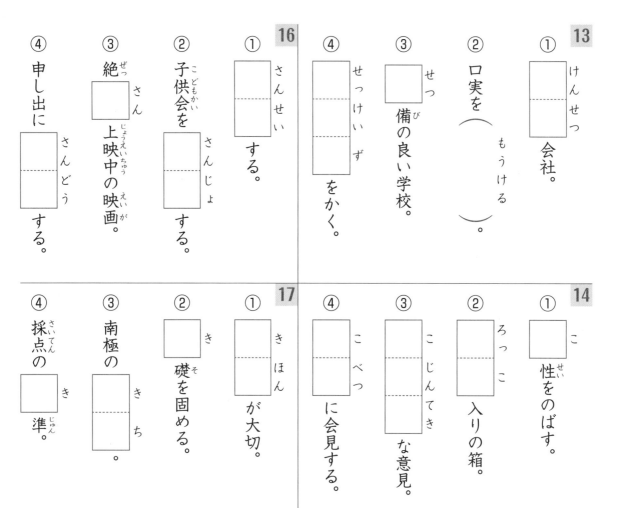

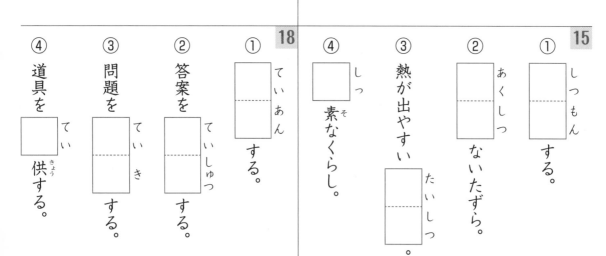

8日 容・増・資・均・報・示

月　日

容 19

音 ヨウ
訓 ―
部首 宀（うかんむり）
意味 入れる。なかみ。ゆるす。すがた。形。たやすいこと。

画数 10

・筆順どおりに書きなさい。

たてに（1）　とめる（5）

容

―線の漢字の読み方を書きなさい。

① 本の内容。（　　）
② 紙の容器。（　　）
③ 箱の容積。（　　）
④ 美容師《し》。（　　）

増 20

音 ゾウ
訓 ます・ふえる・ふやす
部首 ｔ（つちへん）
意味 加える。ふえる。

画数 14

・筆順どおりに書きなさい。

みぎうえに（3）

増

―線の漢字の読み方を書きなさい。

① 数が増す。（　　）
② 人数を増やす。（　　）
③ 米の増産をはかる。（　　）

資 21

音 シ
訓 ―
部首 貝（かい・こがい）
意味 もとで。生まれつき。

画数 13

・筆順どおりに書きなさい。

「ク」としない（3・4）　はらう（6）

資

―線の漢字の読み方を書きなさい。

① 資料集め。（　　）
② 資本主義《しゅぎ》。（　　）
③ 物資を送る。（　　）
④ 資金。（　　）

均 22

音 キン
訓 ―
部首 ｔ（つちへん）
意味 ならすこと。等しくすること。

画数 7

・筆順どおりに書きなさい。

みぎうえに（7）　はねる（5）　てん（6）

均

―線の漢字の読み方を書きなさい。

① 平均点。（　　）
② 百円均一。（　　）
③ 果物を均等に分ける。（　　）

報 23

音 ホウ
訓 （むくいる）
部首 土（つち）
意味 むくいる。返す。知らせる。

画数 12

・筆順どおりに書きなさい。

おって、はねる（9）　とめる（10）

報

―線の漢字の読み方を書きなさい。

① 報告する。（　　）
② 天気予報。（　　）
③ 電報を打つ。（　　）
④ 報道機関。（　　）

示 24

音 ジ・（シ）
訓 しめす
部首 示（しめす）
意味 出して人に見せる。人にわかるように見せる。

画数 5

・筆順どおりに書きなさい。

ながく（2）　はねる（3）　とめる（5）

示

―線の漢字の読み方を書きなさい。

① 意思表示。（　　）
② 図で示す。（　　）
③ 指示にしたがう。（　　）

書いてみよう

月　日

時間 20分【はやい15分・おそい25分】

合格 20問

正答　／24問

19

① ダムの□□《ようせき》。

② ガラスの□□《ようき》。

③ □□□《びょういん》に行く。

④ やさしい□□《ないよう》の本。

20

① 観客が（　　）《ます》。

② 人数を（　　）《ふやす》。

③ 米の□□《ぞうさん》をはかる。

④ 列車を□□《ぞうはつ》する。

21

① □□《しほん》主義《しゅぎ》。

② □□《ぶっし》を送る。

③ 会議の□□《しりょう》。

④ □□《しきん》を集める。

22

① □□□《へいきんてん》。

② 百円□□《きんいつ》の商品。

③ 果物を□□《きんとう》に分ける。

④ □□《きんせい》のとれた体。

23

① 旅行の□□《ほうこく》。

② 情《じょう》□《ほう》を集める。

③ □□《でんぽう》を打つ。

④ 天気□□《よほう》。

24

① 意思□□《ひょうじ》。

② 図で（　　）《しめす》。

③ □□《しじ》にしたがう。

④ 手本を（　　）《しめす》。

9日 複習テスト (2) 読み

月　日

時間 20分 【はやい15分・おそい25分】
合格 80点 (一つ4点)
得点　点

1 ――線の漢字の読み方を書きなさい。

① 美容院に行く。（　　）
② 列車を増発する。（　　）
③ 資料を集める。（　　）
④ 算数の平均点を出す。（　　）
⑤ この本は内容が良い。（　　）
⑥ 手伝いの人を増やす。（　　）
⑦ 百円均一の店。（　　）
⑧ 資本金を二倍に増額《がく》する。（　　）（　　）

2 ――線の漢字の読み方を書きなさい。

① 旅行の報告をする。（　　）
② 先生の指示を受ける。（　　）
③ 設計図をかく。（　　）
④ 個人の考えを大切にする。（　　）
⑤ 道順を示す。（　　）
⑥ ＰＴＡの会報を発行する。（　　）
⑦ まんじゅうを六個買う。（　　）
⑧ 立ち見席を設ける。（　　）

3 ――線の漢字の読み方を書きなさい。

① 質問をする。（　　）
② 賛成の数を調べる。（　　）
③ 基本から学ぶこと。（　　）
④ 議長に提案する。（　　）
⑤ 発信基地を造る。（　　）
⑥ 考えに賛同する。（　　）
⑦ 十日までに提出のこと。（　　）
⑧ 人間の本質を考える。（　　）

復習テスト(2) 書き

月　日

時間 20分 【はやい15分・おそい25分】
合格 80点 (一つ4点)
得点　点

1 次の漢字を書きなさい。

① □《きんとう》に分ける。
② おもしろい□《ないよう》の本。
③ 米の□《ぞうさん》をはかる。
④ □《がくし》を積み立てる。
⑤ □《けいよう》しがたい美しさ。
⑥ 川の水かさが（　）《ます》。
⑦ □《へいきん》した速度。
⑧ □《し》源《げん》を再利用《さいりよう》する。

2 次の漢字を書きなさい。

① □《でんぽう》を打つ。
② □《けんせつ》会社で働く。
③ 学校の掲《けい》□《じばん》。
④ □《こ》性《せい》をみがく。
⑤ 特別席を（　）《もうける》。
⑥ 部下に□《しじ》をする。
⑦ 六□《こ》入りのキャラメル。
⑧ 天気□《よほう》が当たる。

3 次の漢字を書きなさい。

① □《しっ》素《そ》にくらしている。
② 宿題を□《ていしゅつ》する。
③ よく考えて□《さんせい》する。
④ □《きほん》を（　）《しめす》。
⑤ □《さんどう》して手をたたく。
⑥ よい□《ひんしつ》の食べ物。
⑦ □《き》準《じゅん》の線を引く。
⑧ 議長に□《ていあん》する。

10日 まとめテスト (1) 読み

月　日

時間 20分【はやい15分・おそい25分】
合格 80点（一つ4点）
得点　　点

1 ――線の漢字の読み方を書きなさい。

① 利用者が急増する。（　　）
② 計算問題を解く。（　　）
③ 鉄を製《せい》造する。（　　）
④ 資本主義《しゅぎ》の国々。（　　）
⑤ 個別に話す。（　　）
⑥ ピザを均等に分ける。（　　）
⑦ 墓参りをする。（　　）
⑧ おもしろい内容の本。（　　）

2 ――線の漢字の読み方を書きなさい。

① 家と駅を往復する。（　　）
② 墓地をそうじする。（　　）
③ 夏に適した服装《ふくそう》。（　　）
④ 仏教の教え。（　　）
⑤ 大きな橋を造る。（　　）
⑥ 真実を告白する。（　　）
⑦ 電報を打つ。（　　）
⑧ ふすまを張りかえる。（　　）

⑦「報」の読み方に注意しよう。

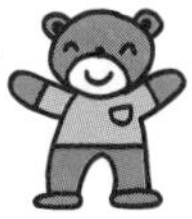

3 ――線の漢字の読み方を書きなさい。

① 喜ぶことは確実だ。（　　）
② 善悪《ぜんあく》の判断をする。（　　）
③ 賛成の人は起立する。（　　）
④ 深い理解を示す。（　　）（　　）
⑤ 質問は後でする。（　　）
⑥ 作品を提出する。（　　）
⑦ 基本をしっかり学ぶ。（　　）
⑧ 建設会社をつくる。（　　）

まとめテスト(1) 書き

月　　日

時間 20分 【はやい15分・おそい25分】
合格 80点 (一つ4点)
得点　　点

1 次の漢字を書きなさい。

① □□《しさん》を運用する。
② □□《はんだん》に苦しむ。
③ □□《てきせつ》な□□《しじ》を出す。
④ 古い絵を□□《ふくげん》する。
⑤ □□《へいきん》点を出す。
⑥ □□□《ほうこくしょ》をまとめる。
⑦ 算数の□□《きほん》を学ぶ。
⑧ □□《ようき》に水を入れる。

2 次の漢字を書きなさい。

① （　　）《たしか》な話だ。
② 川の水かさが（　　）《ます》。
③ □□《ぶつぜん》に花をそなえる。
④ □□《よこく》なしに来る。
⑤ 家と駅を□□《おうふく》する。
⑥ 木に□《ほとけ》の顔をほる。
⑦ □□《ひんしつ》を調べる。
⑧ □□《こじん》で利用する。

3 次の漢字を書きなさい。

① 意見を□□《しゅちょう》する。
② 申し出を（　　）《ことわる》。
③ 手をあげて□□《さんどう》する。
④ □□《はかいし》をあらう。
⑤ □□《せつもん》はやさしくする。
⑥ 人口が□□《ぞうか》する。
⑦ 次の会で□□《ていあん》する。
⑧ 算数の問題を（　　）《とく》。

貯・税・属・性・破・構

貯 25

音　チョ
訓　—
部首　貝（かいへん）
意味　たくわえる。たくさんしまっておく。

画数　12

・筆順どおりに書きなさい。

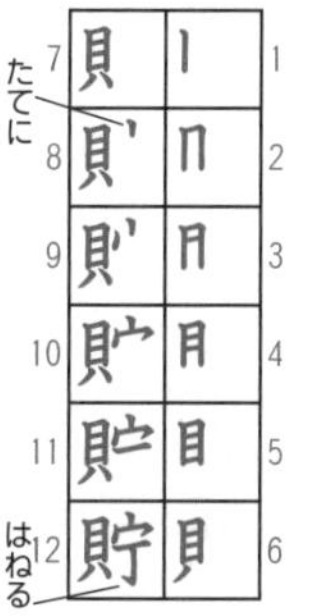

貯

――線の漢字の読み方を書きなさい。

① 貯金。（　）
② 貯蔵《ぞう》する。（　）
③ 貯水池。（　）
④ 貯金箱。（　）

性 28

音　セイ・（ショウ）
訓　—
部首　忄（りっしんべん）
意味　生まれつきのせいしつ。ものごとのせいしつ。男女の別。

画数　8

・筆順どおりに書きなさい。

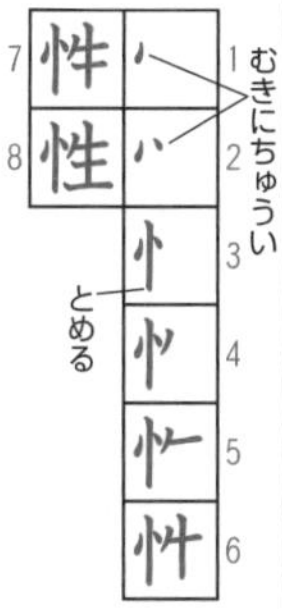

性

――線の漢字の読み方を書きなさい。

① 食塩の性質を調べる。（　）（　）
② 個性的。（　）
③ 高性能《のう》。（　）

税 26

音　ゼイ
訓　—
部首　禾（のぎへん）
意味　国などが国民からとりたてるお金。

画数　12

・筆順どおりに書きなさい。

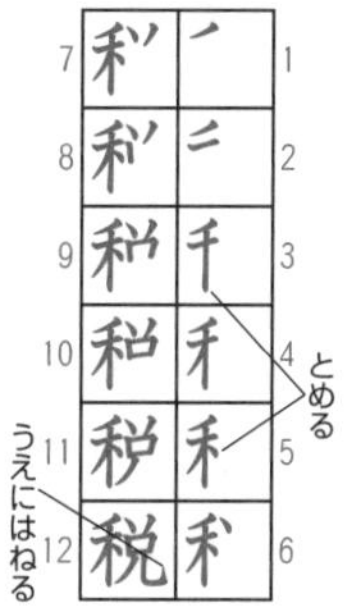

税

――線の漢字の読み方を書きなさい。

① 税金をはらう。（　）
② 税務《む》署《しょ》。（　）
③ 住民税。（　）

破 29

音　ハ
訓　やぶる・やぶれる
部首　石（いしへん）
意味　やぶる。こわす。だめにする。

画数　10

・筆順どおりに書きなさい。

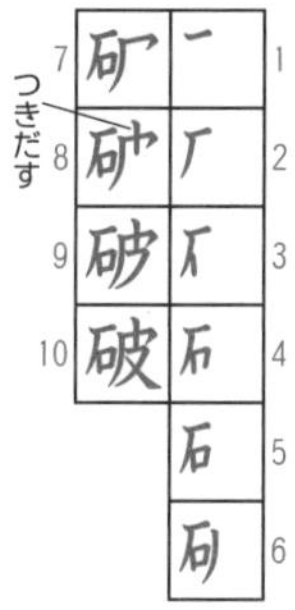

破

――線の漢字の読み方を書きなさい。

① 紙を破る。（　）
② 破壊《かい》する。（　）
③ 長文を読破する。（　）

属 27

音　ゾク
訓　—
部首　尸（かばね・しかばね）
意味　仲間。つきしたがう。

画数　12

・筆順どおりに書きなさい。

属

――線の漢字の読み方を書きなさい。

① 金属板。（　）
② 付属学校。（　）
③ サッカー部に所属する。（　）

構 30

音　コウ
訓　かまえる・かまう
部首　木（きへん）
意味　家などを組み立てる。ものごとを組み合わせる。

画数　14

・筆順どおりに書きなさい。

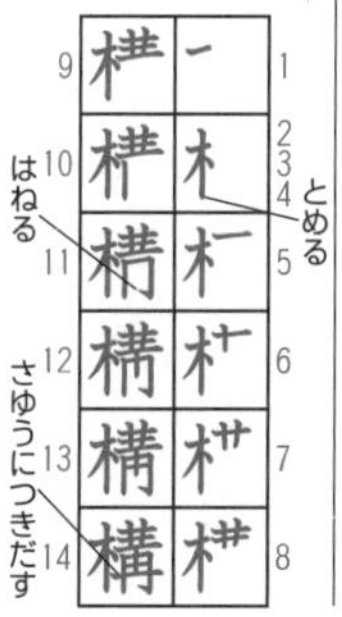

構

――線の漢字の読み方を書きなさい。

① 作文の構想を練る。（　）（　）
② 店を構える。（　）
③ 機械の構造。（　）

月　日

書いてみよう

時間 20分【はやい15分・おそい25分】
合格 20問
正答 /24問

25

① ぶたの□□《ちょきん》箱。

② えさを□《ちょ》蔵《ぞう》する。

③ □□□《ちょすいち》の水。

④ □《ちょ》蓄《ちく》をふやす。

26

① □《ぜい》務署《むしょ》。

② □□《ぜいきん》をはらう。

③ 商品に□□《かぜい》する。

④ □□《ぜいかん》を通過《つうか》する。

27

① □□《きんぞく》の板。

② 大学の□□《ふぞく》小学校。

③ 野球部に□《ぞく》する。

④ チームに□□《しょぞく》する。

28

① □□《やせい》的な人。

② □□《りせい》のある行動。

③ □《せい》能《のう》の良い車。

④ おとなしい□《せい》格《かく》の妹。

29

① 紙が（　　）《やぶれる》。

② 約束を（　　）《やぶる》。

③ 環境《かんきょう》を□《は》壊《かい》する。

④ 長編《ちょうへん》小説を□□《どくは》する。

30

① 店を（　　）《かまえる》。

② 作文の□□《こうそう》を練る。

③ 決勝戦への（　　）《こころがまえ》。

④ 機械の□□《こうぞう》を調べる。

12日　授・快・経・潔・際・現

授　31

音　ジュ

訓　（さずける）・（さずかる）

部首　扌（てへん）

意味　目上の人が目下の人にあたえる。教える。

画数　11

・筆順どおりに書きなさい。

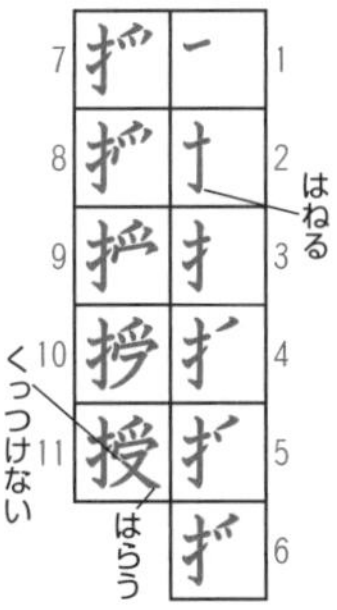

——線の漢字の読み方を書きなさい。

① 国語の授業。（　　）

② 教授。（　　）

③ 授賞《しょう》式。（　　）

④ 伝授する。（　　）

快　32

音　カイ

訓　こころよい

部首　忄（りっしんべん）

意味　気持ちがよい。速い。

画数　7

・筆順どおりに書きなさい。

——線の漢字の読み方を書きなさい。

① 明快な答え。（　　）

② 快晴。（　　）

③ 風が快い。（　　）

④ 快速電車。（　　）

経　33

音　ケイ・（キョウ）

訓　へる

部首　糸（いとへん）

意味　ある場所をすぎる。月日がすぎる。たて。

画数　11

・筆順どおりに書きなさい。

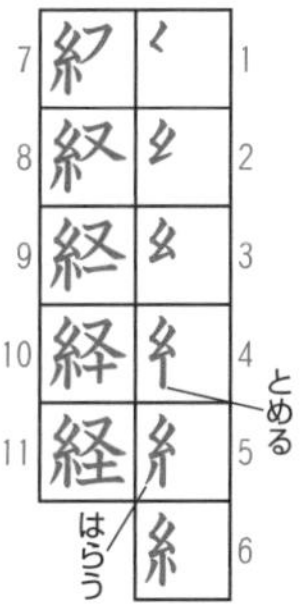

——線の漢字の読み方を書きなさい。

① 経験する。（　　）

② 年を経る。（　　）

③ 大阪経由東京行き。（　　）

潔　34

音　ケツ

訓　（いさぎよい）

部首　氵（さんずい）

意味　きよらかである。けがれない。

画数　15

・筆順どおりに書きなさい。

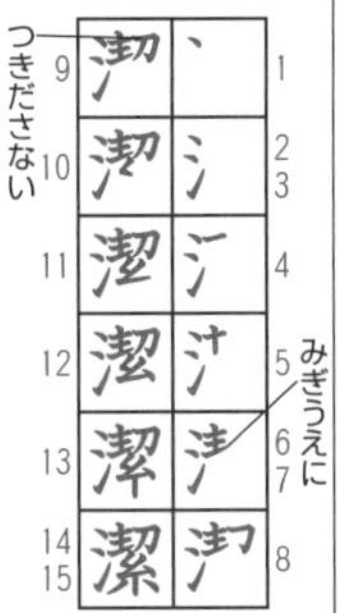

——線の漢字の読み方を書きなさい。

① 簡《かん》潔に書く。（　　）

② 潔白の身。（　　）

③ 清潔な部屋。（　　）

④ 不潔。（　　）

際　35

音　サイ

訓　（きわ）

部首　阝（こざとへん）

意味　はて。まじわる。おり。そのとき。

画数　14

・筆順どおりに書きなさい。

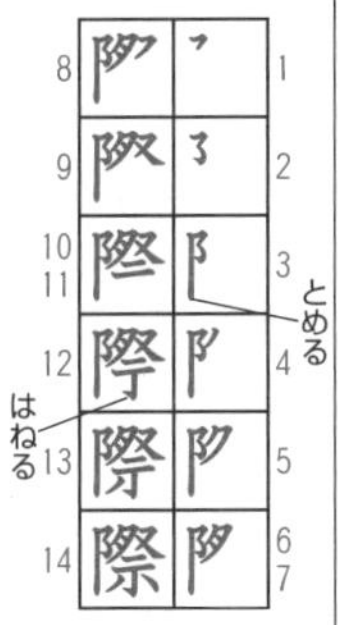

——線の漢字の読み方を書きなさい。

① 実際の話。（　　）

② 交際する。（　　）

③ 国際的な問題。（　　）

現　36

音　ゲン

訓　あらわれる・あらわす

部首　王（おうへん・たまへん）

意味　かくれていたものが見える。今の。

画数　11

・筆順どおりに書きなさい。

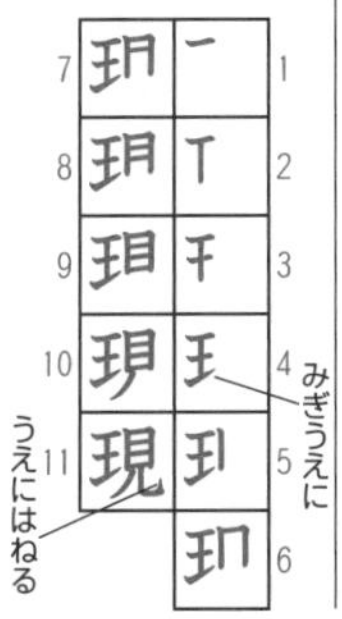

——線の漢字の読み方を書きなさい。

① 表現をくふうする。（　　）

② 月が現れる。（　　）

③ 現代社会。（　　）

書いてみよう

月　日

時間 20分【はやい15分・おそい25分】

合格 20問

正答　／24問

31

① 国語の□□《じゅぎょう》。

② 大学の□□《きょうじゅ》。

③ □《じゅ》賞《しょう》式に出る。

④ わざを□□《でんじゅ》する。

32

① □□《めいかい》な答え。

② （　）《こころよい》風がふく。

③ 病気が□□《ぜんかい》する。

④ 今日は□□《かいせい》だ。

33

① 貴重《きちょう》な□□《けいけん》。

② 十年の月日を（　）《へる》。

③ 東京を（　）《へて》九州へ。

④ 商店を□《けい》営《えい》する。

34

① 簡《かん》□《けつ》に書く。

② かれは□□《けっぱく》だ。

③ 病室を□□《せいけつ》にする。

④ □□《ふけつ》な物はすてる。

35

① □□《じっさい》に役立つ。

② □《さい》限《げん》なく続く水平線。

③ □□□《こくさいてき》な問題。

④ あの人と□□《こうさい》する。

36

① □□《ひょうげん》のくふう。

② 太陽が（　）《あらわれる》。

③ ゆめを□□《じつげん》する。

④ □□《げんだい》文学を読む。

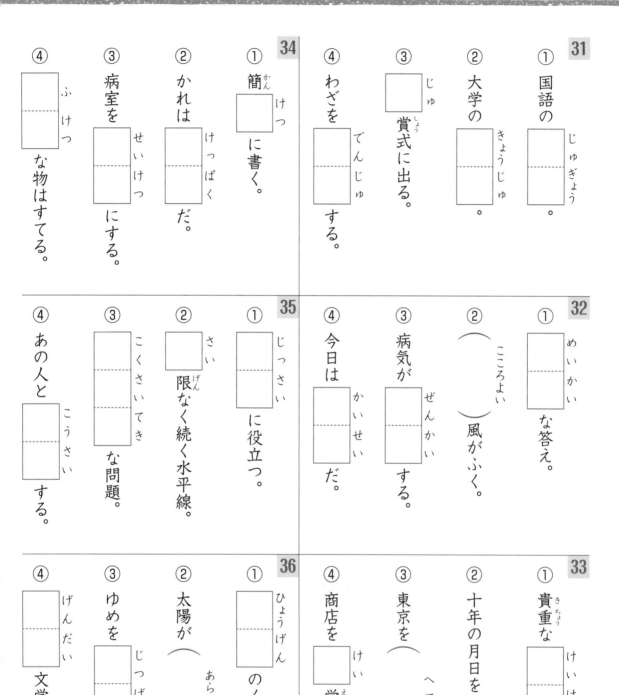

13日 復習テスト (3) 読み

月　日

時間 20分【はやい15分・おそい25分】
合格 80点（一つ4点）
得点　点

1 ——線の漢字の読み方を書きなさい。

① 現　金ではらう。
② いろいろ経　験する。
③ 年を経てとおとろえる。
④ 台所を清　潔にする。
⑤ かれは潔　白だ。
⑥ 今日は快　晴だ。
⑦ 姿《すがた》が現れる。
⑧ 国語の授　業。

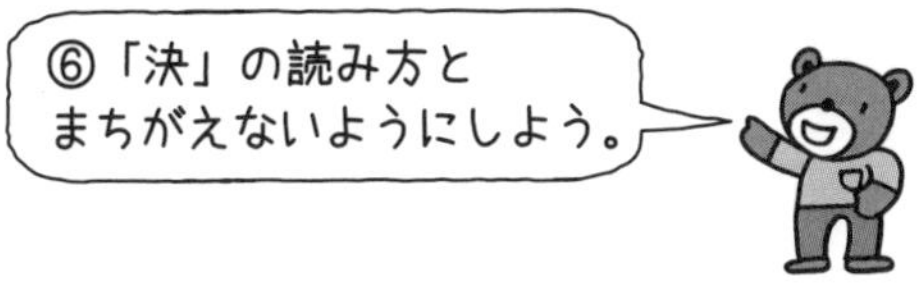

2 ——線の漢字の読み方を書きなさい。

① 快い五月の風。
② さばくが際限《げん》なく続く。
③ 貯　金する。
④ 港の税　関を通過《つうか》する。
⑤ 貯　水池を見る。
⑥ 果物の関　税を下げる。
⑦ 物品の授　受。
⑧ 現　代日本の経済《ざい》。

3 ——線の漢字の読み方を書きなさい。

① なまりは重い金　属だ。
② 性格《かく》がおとなしい子。
③ ガラスの破片《へん》。
④ 作文の構　想を練る。
⑤ サッカー部に所　属する。
⑥ ゴム風船が破れる。
⑦ 待ち構える。
⑧ 女　性向けの小説。

復習テスト(3) 書き

月　日

時間 20分【はやい15分・おそい25分】
合格 80点（一つ4点）
得点　点

1 次の漢字を書きなさい。

① 姿《すがた》を（　　）《あらわす》。
② 年を（　　）《へて》おとろえる。
③ 愉《ゆ》□《かい》な仲間。
④ 社会科の□□《じゅぎょう》。
⑤ 天気は□□《かいせい》だ。
⑥ □□《ふけつ》な物をすてる。
⑦ □□《ひょうげん》のうまい文章。
⑧ 良い□□《けいけん》をする。

2 次の漢字を書きなさい。

① □□《せいけつ》で（　　）《こころよい》。
② □□《ぜいきん》をはらう。
③ □□《ちょきん》して買う。
④ 簡《かん》□《けつ》に述《の》べる。
⑤ □□《かいせい》の空。
⑥ 賞状《しょうじょう》を□《じゅ》与《よ》する。
⑦ □□《じっさい》に行ってみる。
⑧ □□《ちょすい》池を見る。

3 次の漢字を書きなさい。

① 高価《こうか》な貴《き》□□《きんぞく》。
② □《せい》能《のう》の良い車。
③ 家が□《は》壊《かい》される。
④ 駅の□□《こうない》に入る。
⑤ □□《だんせい》の看護師《かんごし》。
⑥ フナは魚類に□《ぞく》する。
⑦ 約束を（　　）《やぶる》。
⑧ りっぱな（　　）《もんがまえ》の家。

14日　招・状・寄・志・在・査

招　37

音　ショウ
訓　まねく
部首　扌（てへん）
意味　手で合図をして相手をよぶ。

画数　8

・筆順どおりに書きなさい。
（はねる／はねる／つきださない）

━━線の漢字の読み方を書きなさい。

① 招待する。（　　）
② 家に招く。（　　）
③ 社員を招集する。（　　）

状　38

音　ジョウ
訓　―
部首　犬（いぬ）
意味　すがた。ありさま。様子。書いたもの。手紙。

画数　7

・筆順どおりに書きなさい。
（わすれずに／とめる／みぎうえに）

━━線の漢字の読み方を書きなさい。

① 年賀状。（　　）
② 案内状。（　　）
③ 賞《しょう》状をもらう。（　　）

寄　39

音　キ
訓　よる・よせる
部首　宀（うかんむり）
意味　近づける。近づく。送る。たのむ。より道をする。

画数　11

・筆順どおりに書きなさい。
（たてに／ながく／はねる）

━━線の漢字の読み方を書きなさい。

① 寄付をする。（　　）
② 寄宿生活。（　　）
③ お年寄りを大切にする。（　　）

志　40

音　シ
訓　こころざす・こころざし
部首　心（こころ）
意味　心のめあて。こうなろうと思う心。

画数　7

・筆順どおりに書きなさい。
（みじかく／はねる）

━━線の漢字の読み方を書きなさい。

① 意志が強い。（　　）
② 第一志望。（　　）
③ 学者を志す。（　　）
④ 志のある人。（　　）

在　41

音　ザイ
訓　ある
部首　土（つち）
意味　ものがある。人がいる。いなか。

画数　6

・筆順どおりに書きなさい。
（うえにすこしだす／ひだりにはらう／ながく）

━━線の漢字の読み方を書きなさい。

① 現在の人口。（　　）
② 自由自在。（　　）
③ 在学。（　　）
④ 東京に在る。（　　）

査　42

音　サ
訓　―
部首　木（き）
意味　調べること。

画数　9

・筆順どおりに書きなさい。
（とめる／はらう／さゆうにつきだす）

━━線の漢字の読み方を書きなさい。

① 調査する。（　　）
② 服装検《ふくそうけん》査。（　　）
③ 交番の巡《じゅん》査。（　　）

書いてみよう

月　日

時間 20分【はやい15分・おそい25分】

合格 20問

正答　/24問

37

① □□《しょうたい》される。

② 家に友人を（　　）《まねく》。

③ 社員を□□《しょうしゅう》する。

④ 手（　　）《まねき》をする。

38

① □□□《ねんがじょう》を書く。

② 運動会の□□□《あんないじょう》。

③ つみを□□《はくじょう》する。

④ 健康□《じょう》態《たい》が良い。

39

① □□《きしゅく》生活。

② 学校に□□《きふ》する。

③ 元気なお（　　）《としより》。

④ 波が（　　）《よせる》。

40

① □《こころざし》を高くもつ。

② 第一□□《しぼう》の高校。

③ □□《ゆうし》をつのる。

④ 教師《きょうし》を（　　）《こころざす》。

41

① □□《げんざい》の人口。

② 兄が□□《ざいがく》する大学。

③ 自由□□《じざい》に動く。

④ 本社は東京に□《あ》る。

42

① 野鳥の□□《ちょうさ》。

② 服装検《ふくそうけん》□《さ》がある。

③ 巡《じゅん》□《さ》に家をたずねる。

④ 事件《じけん》の捜《そう》□《さ》。

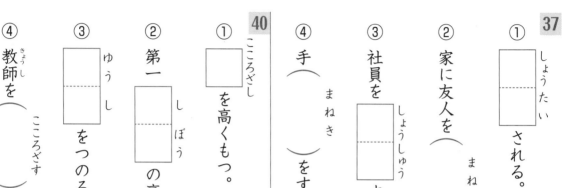

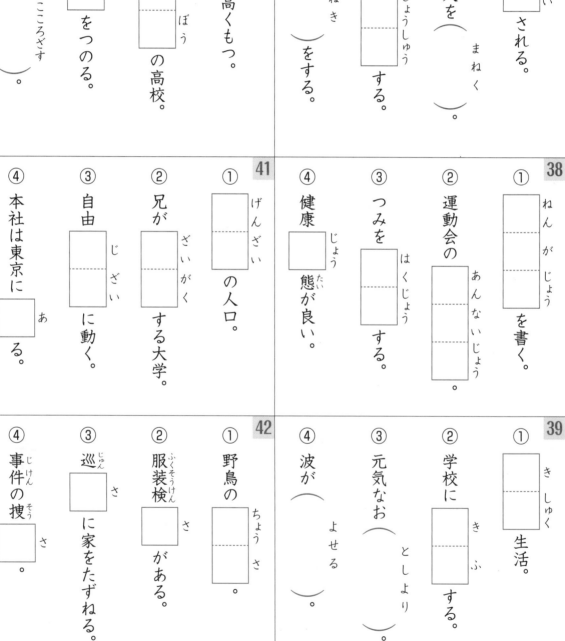

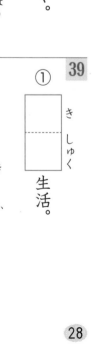

15日　証・可・移・綿・因・能

43 証

音　ショウ
訓　—
部首　言（ごんべん）
意味　明らかにする。しょう明書のりゃく。

画数　12

てん　つきだす

・筆順どおりに書きなさい。

証

——線の漢字の読み方を書きなさい。

① 卒業証書。（　　）
② 証人。（　　）
③ 証明書を見せる。（　　）

44 可

音　カ
訓　—
部首　口（くち）
意味　よいとみとめる。ゆるす。できる。

画数　5

つきだす　はねる

・筆順どおりに書きなさい。

可

——線の漢字の読み方を書きなさい。

① 不可解。（　　）
② 可決する。（　　）
③ 不可欠。（　　）
④ 許《きょ》可する。（　　）

45 移

音　イ
訓　うつる・うつす
部首　禾（のぎへん）
意味　場所や地位が変わる。時間がすぎる。伝せんする。

画数　11

ひだりにはらう　とめる　とめる

・筆順どおりに書きなさい。

移

——線の漢字の読み方を書きなさい。

① 席を移る。（　　）
② 海外移住。（　　）
③ 場所を移動する。（　　）

46 綿

音　メン
訓　わた
部首　糸（いとへん）
意味　アオイの仲間の草。わた。細かい。

画数　14

とめる　ちいさくはらう　はねる

・筆順どおりに書きなさい。

綿

——線の漢字の読み方を書きなさい。

① 綿密《みつ》な調査。（　　）
② 綿毛。（　　）
③ 綿のシャツ。（　　）
④ 綿雪。（　　）

47 因

音　イン
訓　（よる）
部首　口（くにがまえ）
意味　ものごとが起こるもと。

画数　6

はらう

・筆順どおりに書きなさい。

因

——線の漢字の読み方を書きなさい。

① 事故《じこ》の原因。（　　）
② 因果関係。（　　）
③ 試合の勝因を考える。（　　）

48 能

音　ノウ
訓　—
部首　肉（にく）
意味　りっぱにする働き。わざ。能楽（日本の芸能の一つ）。

画数　10

ひだりにはらう　とめる　うえにはねる　はねる

・筆順どおりに書きなさい。

能

——線の漢字の読み方を書きなさい。

① 体の機能。（　　）
② 知能指数。（　　）
③ 自分の能力をためす。（　　）

書いてみよう

月　日

時間 20分 【はやい15分・おそい25分】
合格 20問
正答 ／24問

43

① 卒業□□《しょうしょ》。

② 裁判《さいばん》の□□《しょうにん》。

③ 無実を□□《しょうめい》する。

④ 保険《ほけん》□《しょう》をわすれるな。

44

① 国の認《にん》□《か》が下りる。

② □□□《ふかかい》な話。

③ 先生に許《きょ》□《か》をもらう。

④ 法案が□□《かけつ》される。

45

① 海外に□□《いじゅう》する。

② 家具を□□《いどう》する。

③ 席を（　）《うつる》。

④ 店が□□《いてん》する。

46

① □《めん》密《みつ》な調査。

② タンポポの□□《わたげ》。

③ □□《わたゆき》がふる。

④ □《めん》のシャツ。

47

① □□《いんが》関係。

② 事故《じこ》の□□《げんいん》。

③ □□《しょういん》はチームワーク。

④ 試合の□□《はいいん》を考える。

48

① 実行□□《かのう》。

② 機械の□□《せいのう》。

③ □□《のうりょく》をためす。

④ □□《さいのう》をのばす。

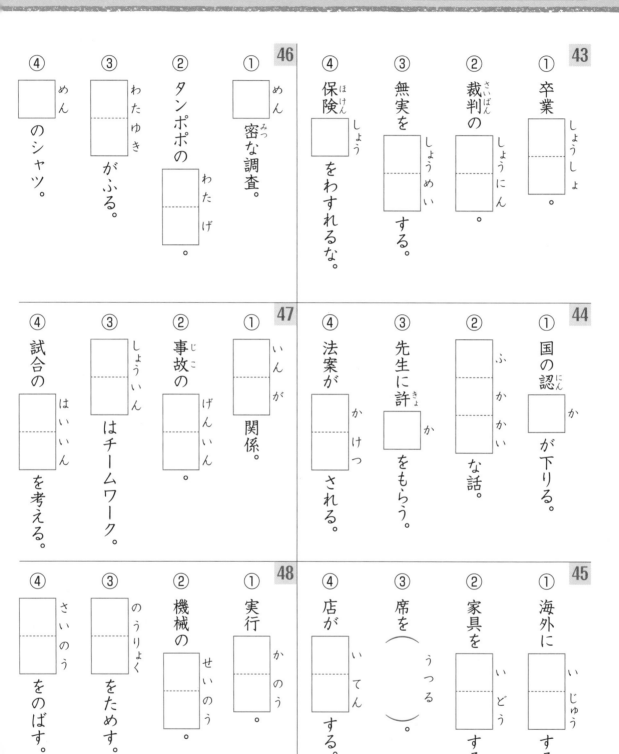

16日 複習テスト(4) 読み

月　日

時間 20分【はやい15分・おそい25分】
合格 80点（一つ4点）
得点　　点

1 ——線の漢字の読み方を書きなさい。

① 裁判《さいばん》の証　人になる。（　）
② それは不　可　能だ。（　）
③ 隣町《となりまち》に移　転する。（　）
④ 綿のシャツを着る。（　）
⑤ 保険《ほけん》証をわすれる。（　）
⑥ 綿　入りのコート。（　）
⑦ 入室の許《きょ》可をもらう。（　）
⑧ 木から木へと飛び移る。（　）

2 ——線の漢字の読み方を書きなさい。

① 寄　付をもらう。（　）
② 年　賀　状を出す。（　）
③ 誕生会《たんじょうかい》に招く。（　）
④ お年　寄りを招　待する。（　）（　）
⑤ 京都《きょうと》に在る寺。（　）
⑥ 体の機　能。（　）
⑦ 試合の勝　因。（　）
⑧ 芸　能関係の仕事。（　）

3 ——線の漢字の読み方を書きなさい。

① すっかり白　状する。（　）
② 手　招きをする。（　）
③ 学者を志す。（　）
④ 意　志の強い子。（　）
⑤ 事故《じこ》の原　因。（　）
⑥ 日本の現　在の人口。（　）
⑦ 子供《こども》の数の調　査。（　）
⑧ 若くして志を立てる。（　）

③・⑧は送りがながある時とない時で読み方がかわってくるよ。

復習テスト(4) 書き

月　日

時間 20分 【はやい15分・おそい25分】
合格 80点 (一つ4点)
得点　点

1 次の漢字を書きなさい。

① □□《きふ》をする。

② 会合に先生を（　　）《まねく》。

③ 学者を（　　）《こころざす》。

④ □□□《ざいこうせい》の代表。

⑤ 巡《じゅん》□《さ》にたずねる。

⑥ 友達と（　　）《より》道する。

⑦ □□□《ねんがじょう》を書く。

⑧ 音楽会に□□《しょうたい》する。

2 次の漢字を書きなさい。

① □□《げんいん》をつきとめる。

② 音楽の□□《さいのう》をのばす。

③ □《めん》織物《おりもの》の衣類。

④ 木の枝《えだ》に飛び（　　）《うつる》。

⑤ お（　　）《としより》を大切に。

⑥ □□《いし》の強い人になる。

⑦ 東京に本社が□《あ》る。

⑧ □《こころざし》の高い人。

3 次の漢字を書きなさい。

① □□《のうりょく》を検《けん》□《さ》する。

② □《わた》がしを食べる。

③ 出国の許《きょ》□《か》が下りる。

④ 事件《じけん》の□□《しょうにん》。

⑤ 西から東へ□□《いどう》する。

⑥ □□《かのう》な限《かぎ》りがんばる。

⑦ □□《しょうめい》書をもらう。

⑧ 試合の□□《はいいん》を考える。

17日 備・再・勢・逆・留・刊

備 49

画数 12

音 ビ

訓 そなえる・そなわる

部首 亻(にんべん)

意味 あらかじめ用意する。十分に用意する。

・筆順どおりに書きなさい。

──線の漢字の読み方を書きなさい。

① 冷房《れいぼう》設備。（　）
② 備品。（　）
③ 台風に備える。（　）

再 50

画数 6

音 サイ・サ

訓 ふたたび

部首 冂(どうがまえ・まきがまえ・いがまえ・けいがまえ)

意味 もう一度。また。二度くり返す。

・筆順どおりに書きなさい。

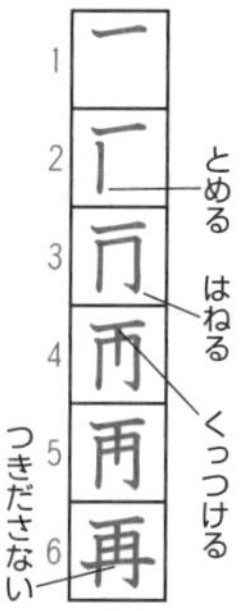

──線の漢字の読み方を書きなさい。

① 再び会う。（　）
② 再来月。（　）
③ 会社を再建する。（　）

勢 51

画数 13

音 セイ

訓 いきおい

部首 力(ちから)

意味 いきおい。様子。人の集まり。

・筆順どおりに書きなさい。

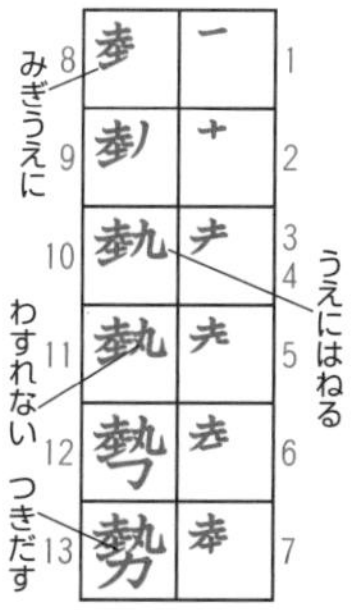

──線の漢字の読み方を書きなさい。

① 勢いにのる。（　）
② 大勢の人。（　）
③ 勢力が大きくなる。（　）

逆 52

画数 9

音 ギャク

訓 さか・さからう

部首 辶(しんにょう・しんにゅう)

意味 そむく。反対する。さかさま。

・筆順どおりに書きなさい。

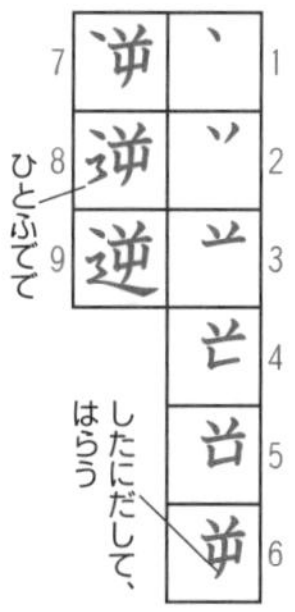

──線の漢字の読み方を書きなさい。

① 逆の方向。（　）
② 逆転する。（　）
③ 流れに逆らう。（　）
④ 逆立ち。（　）

留 53

画数 10

音 リュウ・ル

訓 とめる・とまる

部首 田(た)

意味 その場所にとどまる。残る。

・筆順どおりに書きなさい。

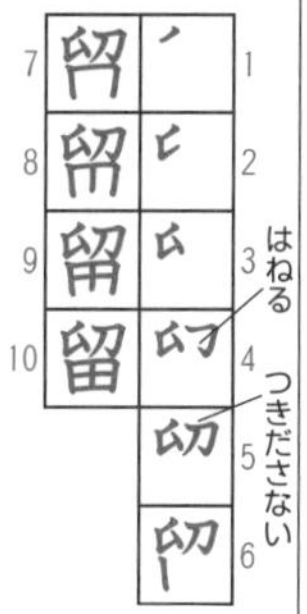

──線の漢字の読み方を書きなさい。

① 留学する。（　）
② 留守番。（　）
③ 心に留める。（　）
④ 残留。（　）

刊 54

画数 5

音 カン

訓 ―

部首 刂(りっとう)

意味 本などを作って世に出すこと。

・筆順どおりに書きなさい。

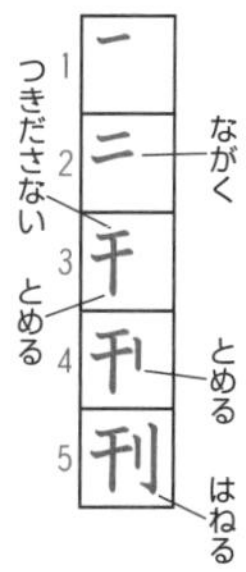

──線の漢字の読み方を書きなさい。

① 週刊誌《し》を買う。（　）
② 月刊雑《ざっ》誌《し》。（　）
③ 朝刊。（　）

書いてみよう

月　日

時間 20分【はやい15分・おそい25分】
合格 20問
正答　／24問

49

① 冷房《れいぼう》の□□《せつび》。

② 運動会の準《じゅん》□《び》をする。

③ 試験に（そなえる）。

④ 学校の□□《びひん》だ。

50

① （ふたたび）会う。

② □□□《さらいげつ》の予定。

③ 寺を□□《さいけん》する。

④ □□□《さいほうそう》の番組。

51

① 台風の□□《せいりょく》。

② （いきおい）よく飛ぶ。

③ □□《おおぜい》の人が歩く。

④ 正しい姿《し》□《せい》。

52

① □《ぎゃっ》境《きょう》にたえる。

② 流れに（さからう）。

③ 試合が□□《ぎゃくてん》する。

④ （さかあがり）ができる。

53

① 海外□□《りゅうがく》。

② □□□《るすばん》をする。

③ 目に（とまる）。

④ ピンで（とめる）。

54

① □□《しゅうかん》誌《し》を買う。

② □□《げっかん》雑《ざっ》誌《し》。

③ 今日の□□《ちょうかん》。

④ □□《ゆうかん》の記事。

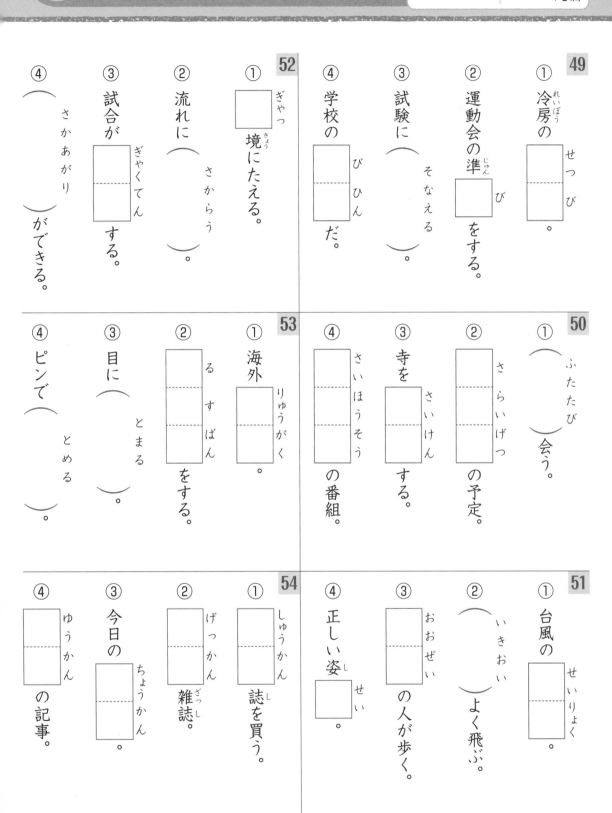

18日 序・河・編・酸・防・舎

55 序

音 ジョ
訓 ―
部首 广（まだれ）
意味 初め。順序。

画数 7

• 筆順どおりに書きなさい。
（たてに／わすれないで／はねる）

● ――線の漢字の読み方を書きなさい。
① 順序よくならぶ。（　）
② 序文。（　）
③ 社会の秩《ちつ》序。（　）

56 河

音 カ
訓 かわ
部首 氵（さんずい）
意味 大きな川。

画数 8

• 筆順どおりに書きなさい。
（つきだす／はねる）

● ――線の漢字の読み方を書きなさい。
① 河口。（　）
② スエズ運河。（　）
③ 河をさかのぼる。（　）

57 編

音 ヘン
訓 あむ
部首 糸（いとへん）
意味 糸や竹などであむ。組み立てる。本にまとめる。

画数 15

• 筆順どおりに書きなさい。
（とめる／はらう／はねる）

● ――線の漢字の読み方を書きなさい。
① 編成する。（　）
② 編集する。（　）
③ セーターを編む。（　）

58 酸

音 サン
訓 （すい）
部首 酉（とりへん）
意味 すっぱい。つらい。悲しい。さんそのりゃく。

画数 14

• 筆順どおりに書きなさい。
（みぎにまげる）

● ――線の漢字の読み方を書きなさい。
① 酸性の食物。（　）
② 酸素《そ》。（　）
③ 銅《どう》の酸化。（　）
④ 炭酸ガス。（　）

59 防

音 ボウ
訓 ふせぐ
部首 阝（こざとへん）
意味 つつみ。土手。害を受けないように守る。さえぎる。

画数 7

• 筆順どおりに書きなさい。
（たてに／とめる／はねる）

● ――線の漢字の読み方を書きなさい。
① 予防する。（　）
② 消防車。（　）
③ けがを防ぐ。（　）
④ 防止する。（　）

60 舎

音 シャ
訓 ―
部首 舌（した）
意味 建てもの。

画数 8

• 筆順どおりに書きなさい。
（ながく）

● ――線の漢字の読み方を書きなさい。
① 校舎。（　）
② 寄宿舎。（　）
③ 美しい駅舎。（　）

月　日

書いてみよう

時間 20分【はやい15分・おそい25分】
合格 20問
正答 /24問

55

① 秩《ちつ》□《じょ》をみだす。

② 本の□□《じょぶん》を読む。

③ □□《じゅんじょ》を決める。

④ □□《じょきょく》から聞く。

56

① スエズ□□《うんが》。

② □□《ぎんが》系《けい》の星。

③ □□《かこう》で魚をつる。

④ アルプスの□□《ひょうが》。

57

① □□《たんぺん》小説。

② 新番組を□□《へんせい》する。

③ セーターを（　　）《あむ》。

④ 新聞を□□《へんしゅう》する。

58

① □《さん》素《そ》の補給《ほきゅう》。

② 銅《どう》が□□《さんか》する。

③ □□《たんさん》ガスが増える。

④ □□《さんせい》の液体《えきたい》。

59

① □□□《しょうぼうしゃ》が通る。

② けがを（　　）《ふせぐ》。

③ 犯罪《はんざい》の□□《ぼうし》。

④ かぜを□□《よぼう》する。

60

① 新しい□□《こうしゃ》。

② 大学の□□□《きしゅくしゃ》。

③ 美しい□□《えきしゃ》だ。

④ □□《かんしゃ》に住む。

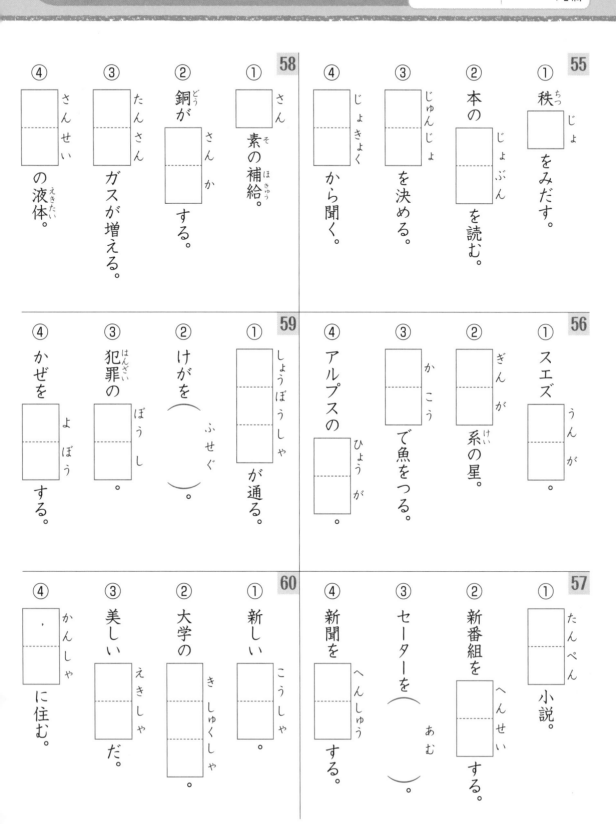

19日 復習テスト(5)

読み

月　日

時間 20分【はやい15分・おそい25分】　合格 80点（一つ4点）　得点　点

1 ――線の漢字の読み方を書きなさい。

① 順序よくならぶ。
② セーターを編む。
③ 新しい校舎で学ぶ。
④ 酸化を完全に防止する。
⑤ オペラの序曲。
⑥ 松の防風林。
⑦ 選手の宿舎。
⑧ 学校新聞の編集。

2 ――線の漢字の読み方を書きなさい。

① 炭酸ガス。
② スエズ運河。
③ 学校の備品を大切にする。
④ 転校した友と再会する。
⑤ テレビを備えつける。
⑥ アルプスの氷河。
⑦ 再び戦争を起こすな。
⑧ 酸性の物質。

3 ――線の漢字の読み方を書きなさい。

① 台風の勢力がおとろえる。
② 立場が逆転する。
③ 留守番をする。
④ 週刊誌《し》を読む。
⑤ 鉄棒《てつぼう》で逆上がりをする。
⑥ 勢いあまって転ぶ。
⑦ 夕刊に出ている。
⑧ 日記に書き留めておく。

復習テスト(5) 書き

月　日

時間 20分 【はやい15分・おそい25分】
合格 80点 (一つ4点)
得点　　点

1 次の漢字を書きなさい。

① □□《じゅんじょ》よくならぶ。
② かぜを□□《よぼう》する。
③ （　）《あみ》物をする。
④ 理科室の□□《びひん》。
⑤ □《さん》素《そ》を吸入《きゅうにゅう》する。
⑥ 社会の秩《ちつ》□《じょ》を守る。
⑦ 本の□□《じょぶん》。
⑧ □□□《ひょうがき》のマンモス。

2 次の漢字を書きなさい。

① □□《しゅくしゃ》に寝《ね》泊《と》まりする。
② □□《たんさん》ガス。
③ 兄は□□□《よびこう》に行く。
④ 会社を□□《さいけん》する。
⑤ スエズ□□《うんが》。
⑥ （　）《ふたたび》春がやってくる。
⑦ 災害《さいがい》に（　）《そなえる》。
⑧ 雑《ざっ》誌《し》の□□《へんしゅう》。

3 次の漢字を書きなさい。

① □□《おおぜい》で出かける。
② □□《たいが》が□□《ぎゃくりゅう》する。
③ 母が□□《るす》をする。
④ 単行本を□□《かんこう》する。
⑤ （　）《いきおい》よくふく風。
⑥ 今日の□□《ちょうかん》を配る。
⑦ 友の意見に（　）《さからう》。
⑧ 手帳に書き（　）《とめ》ておく。

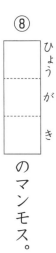

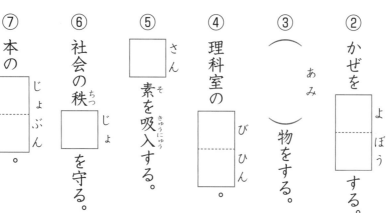

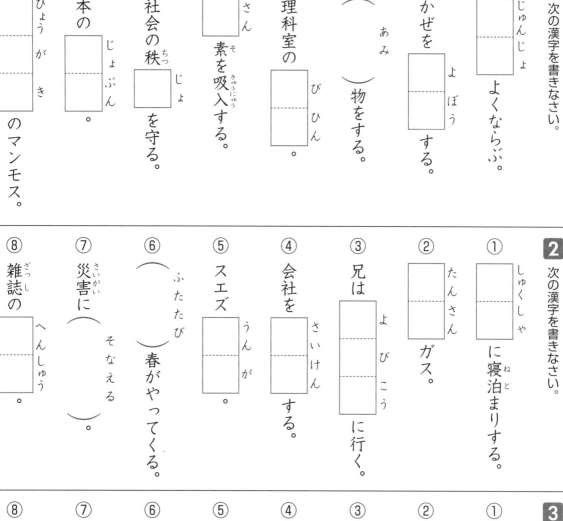

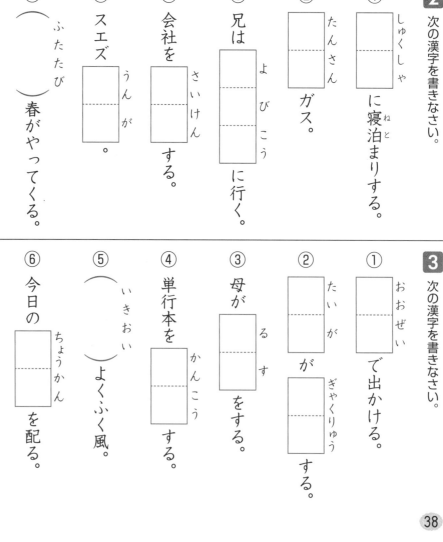

20日 まとめテスト (2) 読み

月　日

時間 20分【はやい15分・おそい25分】
合格 80点（一つ4点）
得点　点

1 ——線の漢字の読み方を書きなさい。

① 性能（　）について調査（　）する。
② 大河小説（　）を読む。
③ セーターを編（　）む。
④ 立派《りっぱ》（　）な門構（　）えの家。
⑤ 校舎（　）をきれいにする。
⑥ 税金（　）をおさめる。
⑦ くつが破（　）れる。
⑧ 広告（　）を出す。

2 ——線の漢字の読み方を書きなさい。

① 物品の授受（　）。
② 病気が全快（　）する。
③ 現在（　）の日本の交通。
④ 経験（　）を生かす。
⑤ 不潔（　）な服を洗《あら》う。
⑥ 友達を招待（　）する。
⑦ くじけない意志（　）を持つ。
⑧ アメリカに留学（　）する。

3 ——線の漢字の読み方を書きなさい。

① 無実を証明（　）する。
② 大雨に備（　）える。
③ 可能性（　）を信じる。
④ からかわれて逆上（　）する。
⑤ 夜店で綿（　）がしを買う。
⑥ 夕刊（　）を読む。
⑦ 因習（　）にとらわれない。
⑧ 火事を防（　）ぐ。

まとめテスト (2) 書き

月　　日

時間 20分【はやい15分・おそい25分】
合格 80点（一つ4点）
得点　　点

1 次の漢字を書きなさい。

① □□《ちょきん》する。
② □□□《きしゅくしゃ》に住む。
③ 物語の□□《じょぶん》。
④ 植物は□《さん》素《そ》を出す。
⑤ 絵の□□《こうず》を考える。
⑥ 食中毒の□□《よぼう》。
⑦ プロ野球に□□《しょぞく》する。
⑧ 法案が□□《かけつ》される。

2 次の漢字を書きなさい。

① 天気は□□《かいせい》だ。
② 簡《かん》□《けつ》な文章。
③ 医師《いし》を（　　）《こころざす》。
④ 右から左へ（　　）《うつる》。
⑤ □□□《ねんがじょう》を書く。
⑥ 卒業生と□□《ざいこう》生。
⑦ □□《じっさい》にやってみる。
⑧ 会合に先生を（　　）《まねく》。

3 次の漢字を書きなさい。

① □□《しょうめい》書をもらう。
② 音楽の□□《さいのう》をのばす。
③ 母は□□《るす》です。
④ □□《じゅぎょう》に（　　）《そなえる》。
⑤ （　　）《いきおい》よく飛び出す。
⑥ □□《ちょうかん》を配る。
⑦ □□《さかだ》ちをする。
⑧ 試合を□□《さいかい》する。

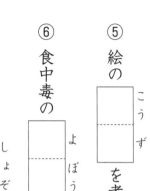

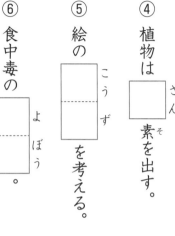

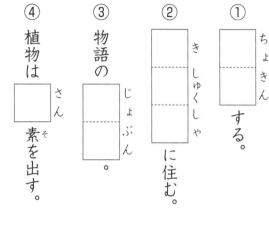

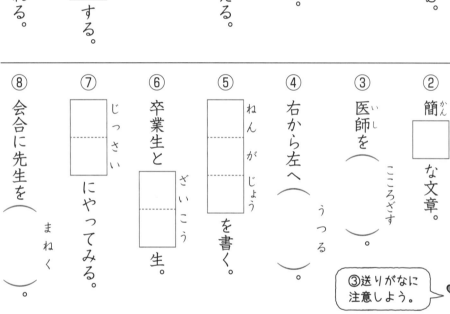

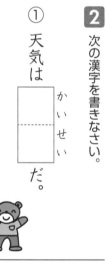

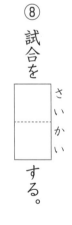

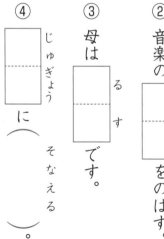

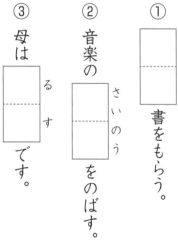

21日 営・余・統・非・常・夢

営 61

音 エイ
訓 いとなむ
部首 ⺍（つかんむり）
意味 いとなむ。とまるところ。

画数 12

・筆順どおりに書きなさい。

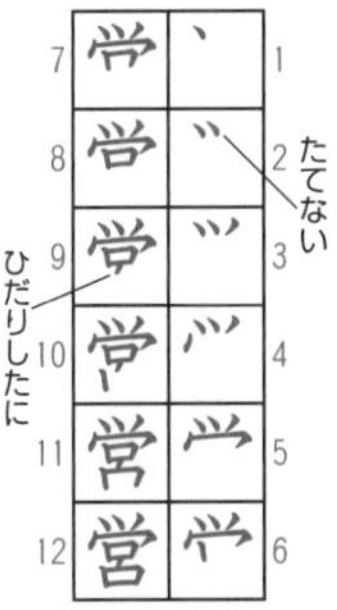

—線の漢字の読み方を書きなさい。

① 民営鉄道。（　　）　② 営業案内。（　　）　③ 文具店を営む。（　　）

余 62

音 ヨ
訓 あまる・あます
部首 𠆢（ひとやね）
意味 多すぎて残る。自分。

画数 7

・筆順どおりに書きなさい。

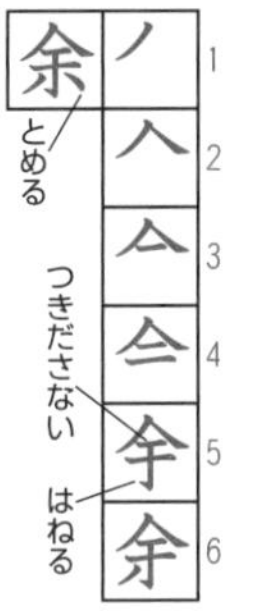

—線の漢字の読み方を書きなさい。

① 時間が余る。（　　）　② 余地。（　　）　③ 余計な心配。（　　）　④ 持て余す。（　　）

統 63

音 トウ
訓 （すべる）
部首 糸（いとへん）
意味 続いているもの。おさめる。まとめる。

画数 12

・筆順どおりに書きなさい。

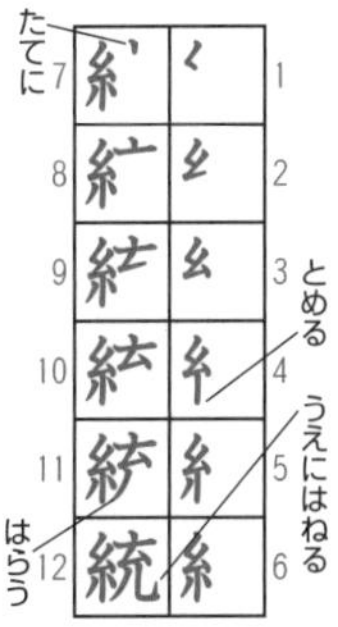

—線の漢字の読み方を書きなさい。

① 統計をとる。（　　）　② 伝統。（　　）　③ 天下統一。（　　）　④ 血統書。（　　）

非 64

音 ヒ
訓 —
部首 非（あらず・ひ）
意味 正しくない。悪くいう。～でない。～がない。

画数 8

・筆順どおりに書きなさい。

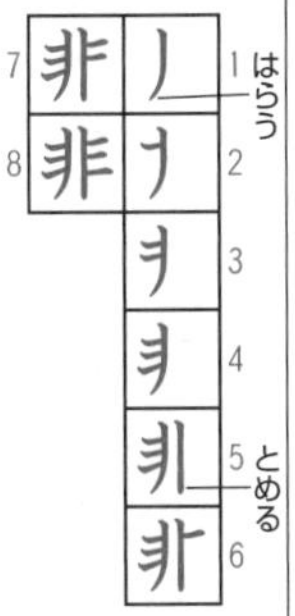

—線の漢字の読み方を書きなさい。

① 非番の日。（　　）　② 非売品。（　　）　③ 非公式の発表。（　　）

常 65

音 ジョウ
訓 つね・（とこ）
部首 巾（はば）
意味 いつもの。ふつうの。

画数 11

・筆順どおりに書きなさい。

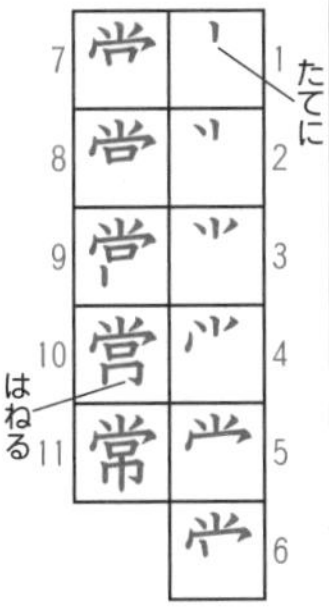

—線の漢字の読み方を書きなさい。

① 非常に寒い。（　　）　② 常日頃《ごろ》。（　　）　③ 常設の市場。（　　）　④ 常温。（　　）

夢 66

音 ム
訓 ゆめ
部首 夕（た・ゆうべ）
意味 ねむっている中で事物を見る心理現《げん》象《しょう》。希望。

画数 13

・筆順どおりに書きなさい。

—線の漢字の読み方を書きなさい。

① 初夢。（　　）　② 夢中になる。（　　）　③ 楽しい夢を見る。（　　）

書いてみよう

月　日

時間 20分 【はやい15分・おそい25分】

合格 20問

正答　／24問

61

① □□《みんえい》の鉄道。

② 文具店を（　）《いとなむ》。

③ 会社を□□《けいえい》する。

④ □□《えいぎょう》の仕事。

62

① 時間が（　）《あまる》。

② 四十年（　）《あまり》前。

③ 考える□□《よち》がある。

④ □□《よけい》な一言。

63

① □□《でんとう》を守る。

② □□□《けっとうしょ》つきの犬。

③ 天下を□□《とういつ》する。

④ 身長の□□□《とうけいひょう》。

64

① □□□《ひこうかい》。

② □《ひ》をみとめる。

③ 今日は□□《ひばん》だ。

④ □□□《ひばいひん》の本。

65

① □□《ひじょう》に暑い。

② □《つね》に努力する。

③ □□《じょうせつ》の市場。

④ □□《にちじょう》の生活。

66

① 将来《しょうらい》の□《ゆめ》を語る。

② □□《はつゆめ》を見る。

③ 話に□□《むちゅう》になる。

④ □□《あくむ》から覚める。

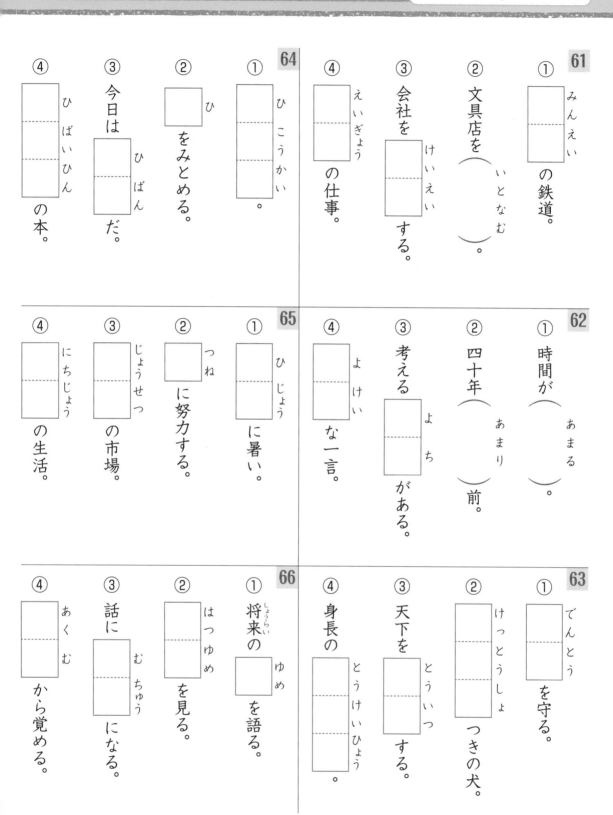

22日　豊・堂・弁・衛・価・条

67 豊

画数 13

音 ホウ
訓 ゆたか
部首 豆（まめ）
意味 たくさんあって不足のないこと。作物の出来が良い。

・筆順どおりに書きなさい。

・――線の漢字の読み方を書きなさい。

① 豊漁。（　　）
② 豊作。（　　）
③ いねが豊かに実る。（　　）

68 堂

画数 11

音 ドウ
訓 ―
部首 土（つち）
意味 神やほとけをまつってあるたてもの。大ぜいの人が集まる所。

・筆順どおりに書きなさい。

・――線の漢字の読み方を書きなさい。

① 食堂。（　　）
② 公会堂。（　　）
③ 講《こう》堂。（　　）
④ 正正堂堂（　　）

69 弁

画数 5

音 ベン
訓 ―
部首 廾（こまぬき・にじゅうあし）
意味 役に立たせる。花びら。話す。区別する。機械の中のべん。

・筆順どおりに書きなさい。

・――線の漢字の読み方を書きなさい。

① 花弁。（　　）
② ポンプの弁。（　　）
③ 駅弁。（　　）
④ 弁解する。（　　）

70 衛

画数 16

音 エイ
訓 ―
部首 行（ぎょうがまえ・ゆきがまえ）
意味 まわる。まもる。まもる人。

・筆順どおりに書きなさい。

・――線の漢字の読み方を書きなさい。

① 衛生に気をつける。（　　）
② 人工衛星。（　　）
③ 守衛さん。（　　）

71 価

画数 8

音 カ
訓 （あたい）
部首 イ（にんべん）
意味 ねだん。ねうち。

・筆順どおりに書きなさい。

・――線の漢字の読み方を書きなさい。

① 本の定価。（　　）
② 物価。（　　）
③ 特価品の売り場。（　　）

72 条

画数 7

音 ジョウ
訓 ―
部首 木（き）
意味 すじ。すじ道。手紙。書類。

・筆順どおりに書きなさい。

・――線の漢字の読み方を書きなさい。

① 条件《けん》をつける。（　　）
② 平和条約。（　　）
③ 条例。（　　）

書いてみよう

月　日

時間 20分【はやい15分・おそい25分】
合格 20問
正答　／24問

67

① 今年は□□《ほうりょう》だ。
② 生活が（　　）《ゆたか》になる。
③ いねが（　　）《ゆたか》に実る。
④ 今年の米は□□《ほうさく》だ。

68

① □□《しょくどう》で休む。
② □□□《こうかいどう》に行く。
③ 学校の講《こう》□《どう》。
④ お寺の□□《ほんどう》。

69

① □□《べんかい》する。
② ポンプの□《べん》がこわれる。
③ 梅の□□《かべん》。
④ □□《べんとう》を食べる。

70

① 人工□□《えいせい》。
② 保健《ほけん》□□《えいせい》。
③ 会社の□□《しゅえい》さん。
④ タイトルを□□《ぼうえい》する。

71

① □□□《とっかひん》。
② 商品に□《か》格《かく》をつける。
③ □□《ぶっか》が上がる。
④ □□《ていか》を決める。

72

① □《じょう》件《けん》をつける。
② 県の□□《じょうれい》。
③ □□《じょうぶん》を読む。
④ 友好□□《じょうやく》を結ぶ。

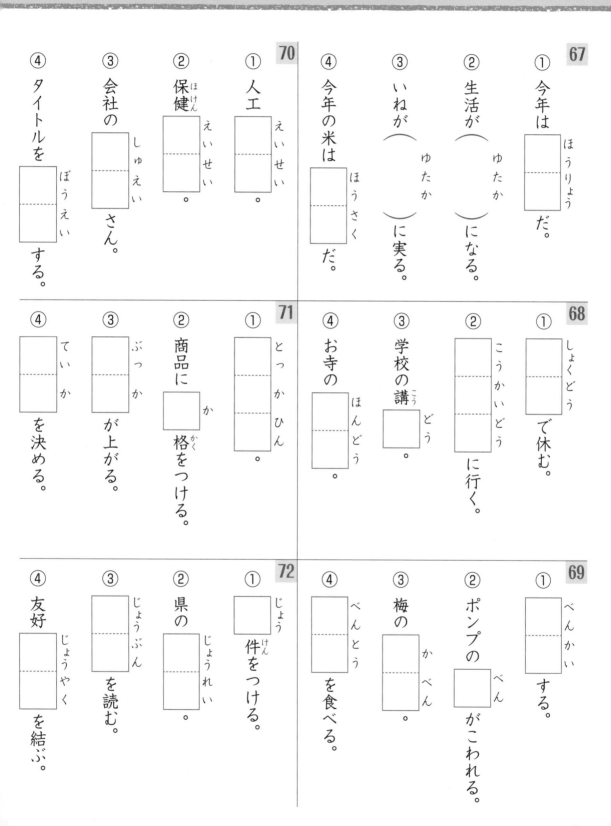

月　日

23日 復習テスト（6）読み

時間 20分【はやい15分・おそい25分】
合格 80点（一つ4点）
得点　　点

1 ――線の漢字の読み方を書きなさい。

① いねが豊かに実る。（　　）
② 白い花弁が五枚《ごまい》ある。（　　）
③ 衛生面に気を配る。（　　）
④ 堂堂としている。（　　）
⑤ 今年は米が豊作だ。（　　）
⑥ 寺のお堂。（　　）
⑦ お弁当が二個余る。（　　）（　　）
⑧ 友好条約を結ぶ。（　　）

2 ――線の漢字の読み方を書きなさい。

① こわい夢を見る。（　　）
② 体重の統計表。（　　）
③ 本の余白にメモする。（　　）
④ 営業成績《せいせき》が上がる。（　　）
⑤ 条例を制定《せいてい》する。（　　）
⑥ 栄養価の高い食品。（　　）
⑦ 商品に定価をつける。（　　）
⑧ 資源《しげん》が豊富な国。（　　）

3 ――線の漢字の読み方を書きなさい。

① 学校の伝統を守る。（　　）
② 日々の営み。（　　）
③ ゲームに夢中になる。（　　）
④ 天下を統一する。（　　）
⑤ 余計なことはしない。（　　）
⑥ 民営鉄道。（　　）
⑦ この本は非売品だ。（　　）
⑧ 非常にうれしい。（　　）

復習テスト(6) 書き

月　日

時間 20分 【はやい15分・おそい25分】
合格 80点 （一つ4点）
得点　点

1 次の漢字を書きなさい。

① 食品の□□《えいせい》管理。
② □□《みんえい》鉄道。
③ □□□《ひばいひん》の本。
④ □□《ひじょう》にたのもしい。
⑤ （　　）《ゆたかな》生活を送る。
⑥ □□《とうけい》をとって調べる。
⑦ 答えは五（　　）《あまり》三だ。
⑧ 平和□□《じょうやく》を結ぶ。

2 次の漢字を書きなさい。

① ポンプの□《べん》がこわれる。
② 正正□□《どうどう》。
③ 人工□□《えいせい》が飛ぶ。
④ □□《しょくどう》に行く。
⑤ □《べん》論《ろん》大会に出場する。
⑥ □《つね》日頃《ひごろ》からの練習。
⑦ □□《あくむ》にうなされる。
⑧ □□《でんとう》のある学校。

3 次の漢字を書きなさい。

① 天下□□《とういつ》を□《ゆめ》見る。
② 文具店を（　　）《いとなむ》。
③ 時間が（　　）《あまる》。
④ 商品の□□《ていか》。
⑤ 憲法《けんぽう》□□□《だいいちじょう》。
⑥ 野菜が□□《ほうふ》に出回る。
⑦ 門に□□《しゅえい》さんがいる。
⑧ □□《えきべん》を買って食べる。

24日　件・採・飼・織・術・謝

73 件

画数 6

音 ケン
訓 ―
部首 亻（にんべん）
意味 事がら。事件。事がらを数える言葉。

●筆順どおりに書きなさい。

うえにつきだす

件

●――線の漢字の読み方を書きなさい。

① 条件を出す。（　　）
② 別件。（　　）
③ 大事な用件。（　　）
④ 事件。（　　）

74 採

画数 11

音 サイ
訓 とる
部首 扌（てへん）
意味 とる。選びとる。

●筆順どおりに書きなさい。

はねる　みぎうえに　ひだりにはらう　はらう

採

●――線の漢字の読み方を書きなさい。

① 血を採る。（　　）
② 採用する。（　　）
③ 会議で採決する。（　　）

75 飼

画数 13

音 シ
訓 かう
部首 飠（しょくへん）
意味 食べさせる。動物をかう。

●筆順どおりに書きなさい。

とめる　たてに　はねる

飼

●――線の漢字の読み方を書きなさい。

① 金魚を飼育する。（　　）
② 牛の飼料。（　　）
③ 鳥を飼う。（　　）

76 織

画数 18

音 シキ・（ショク）
訓 おる
部首 糸（いとへん）
意味 ぬのをおる。組み立てる。

●筆順どおりに書きなさい。

みぎにながく　たてに　わすれずに

織

●――線の漢字の読み方を書きなさい。

① 手織りの着物。（　　）
② 組織。（　　）
③ 布《ぬの》を織る。（　　）
④ 毛織物。（　　）

77 術

画数 11

音 ジュツ
訓 ―
部首 行（ぎょうがまえ・ゆきがまえ）
意味 学問や手仕事のわざ。方法。はかりごと。

●筆順どおりに書きなさい。

わすれずに　とめる　はねる

術

●――線の漢字の読み方を書きなさい。

① 美術館。（　　）
② 手術。（　　）
③ 技《ぎ》術を身につける。（　　）

78 謝

画数 17

音 シャ
訓 （あやまる）
部首 言（ごんべん）
意味 礼を言う。あやまる。ことわる。

●筆順どおりに書きなさい。

てん　つきだしてはらう　はねる　はねる

謝

●――線の漢字の読み方を書きなさい。

① 感謝する。（　　）
② 謝罪《ざい》する。（　　）
③ 謝礼をする。（　　）
④ 月謝。（　　）

書いてみよう

時間 20分
【はやい15分・おそい25分】
合格 20問
正答 /24問

73

① □□《じけん》が起きた。

② 事故《じこ》の□□《けんすう》がへる。

③ □□《じょうけん》を決める。

④ 大事な□□《ようけん》がある。

74

① 血を（　）《とる》。

② 社員に□□《さいよう》される。

③ 会議で□□《さいけつ》する。

④ テストの□□《さいてん》。

75

① 小鳥を（　）《かう》。

② 馬の□□《しりょう》を作る。

③ ニワトリを□□《しいく》する。

④ 犬の（　）《かいぬし》。

76

① （　）《ており》の着物。

② 布《ぬの》を（　）《おる》。

③ 機《はた》（　）《おり》の機械。

④ 団体《だんたい》を□□《そしき》する。

77

① □□□《びじゅつかん》。

② 胃《い》の□□《しゅじゅつ》をする。

③ 技《ぎ》□《じゅつ》を身につける。

④ 有名な□□□《げいじゅつか》。

78

① □□《かんしゃ》する。

② □《しゃ》罪《ざい》する。

③ □□《しゃれい》の手紙を書く。

④ □□《げっしゃ》をはらう。

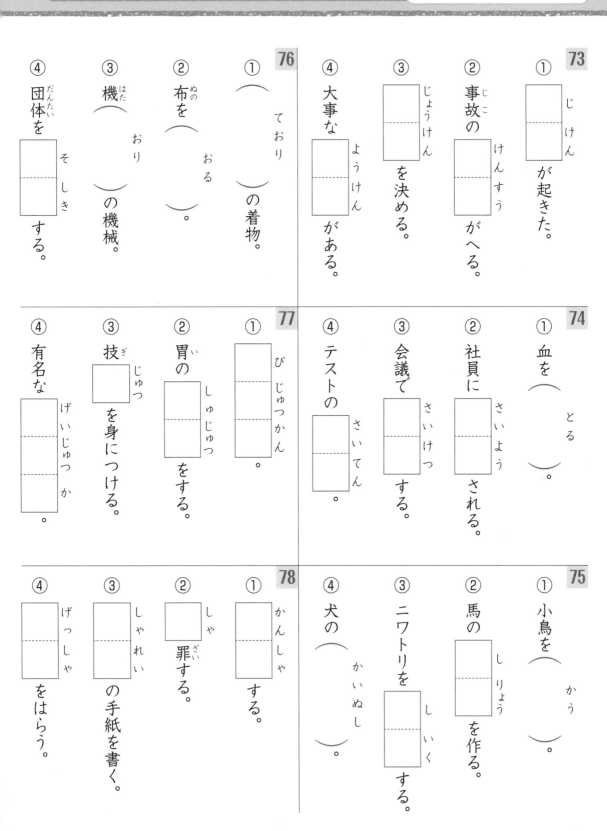

25日 略・検・布・歴・任・製

略 79

音 リャク
訓 ―
部首 田（たへん）
意味 はかりごと。あらまし。省くこと。かすめとること。
画数 11

• 筆順どおりに書きなさい。

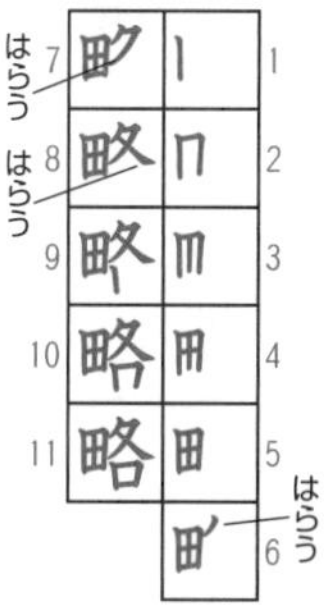

―線の漢字の読み方を書きなさい。

① 省略する。（　）
② 略図。（　）
③ 計略を練る。（　）
④ 略す。（　）

検 80

音 ケン
訓 ―
部首 木（きへん）
意味 調べること。とりしまること。
画数 12

• 筆順どおりに書きなさい。

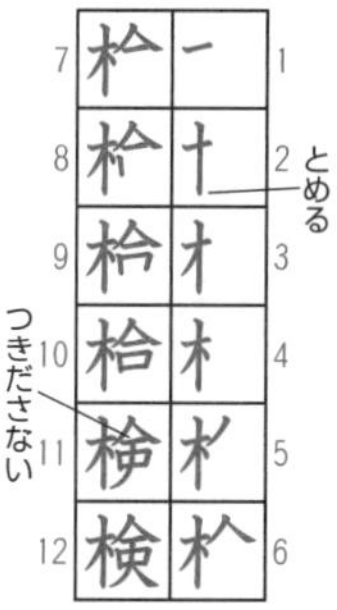

―線の漢字の読み方を書きなさい。

① 探《たん》検する。（　）
② 点検する。（　）
③ 血液《けつえき》検査。（　）
④ 検挙。（　）

布 81

音 フ
訓 ぬの
部首 巾（はば）
意味 いろいろのおり物。きれ。広くゆきわたらせること。
画数 5

• 筆順どおりに書きなさい。

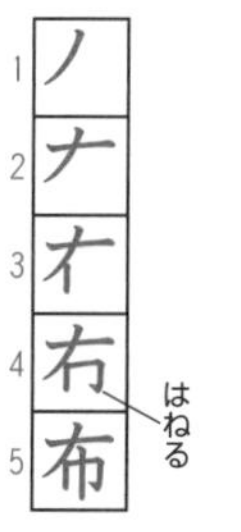

―線の漢字の読み方を書きなさい。

① 毛布。（　）
② 布地を買う。（　）
③ 人口の分布を調べる。（　）

歴 82

音 レキ
訓 ―
部首 止（とめる）
意味 すぎていく。はっきりしている。
画数 14

• 筆順どおりに書きなさい。

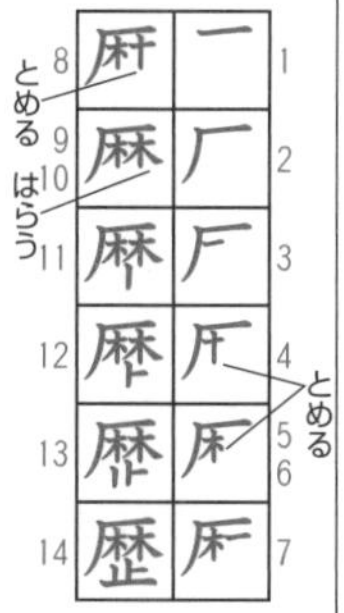

―線の漢字の読み方を書きなさい。

① 歴代の首相《しゅしょう》。（　）
② 略歴。（　）
③ 歴戦の勇者。（　）
④ 経歴。（　）

任 83

音 ニン
訓 まかせる・まかす
部首 亻（にんべん）
意味 信用して思うままにさせる。つとめ。役目につける。
画数 6

• 筆順どおりに書きなさい。

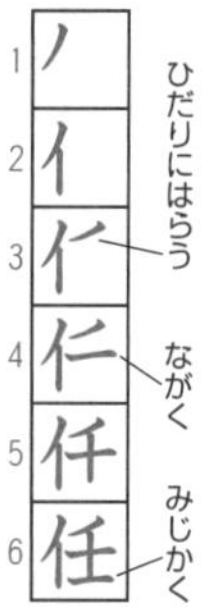

―線の漢字の読み方を書きなさい。

① 責《せき》任重大。（　）
② 仕事を任す。（　）
③ 任務《む》。（　）
④ 任期。（　）

製 84

音 セイ
訓 ―
部首 衣（ころも）
意味 つくる。
画数 14

• 筆順どおりに書きなさい。

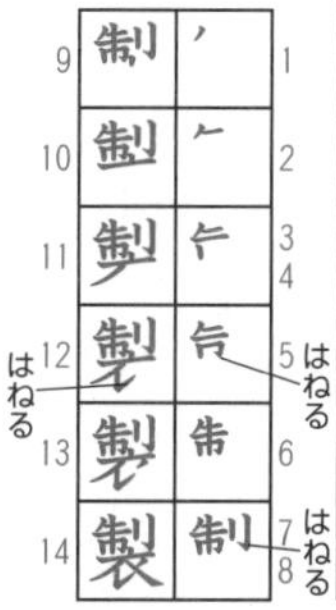

―線の漢字の読み方を書きなさい。

① 新製品。（　）
② 製造する。（　）
③ 部品を製作する。（　）

月　日

書いてみよう

時間 20分【はやい15分・おそい25分】
合格 20問
正答 ／24問

79

① 駅までの［　　］《りゃくず》。

② ［　　］《けいりゃく》をめぐらす。

③ 手続きを［　］《りゃく》す。

④ 説明を［　　］《しょうりゃく》する。

80

① 火元の［　　］《てんけん》。

② 血液《けつえき》の［　　］《けんさ》をする。

③ 未知の国を探《たん》［　］《けん》する。

④ 毎朝［　　］《けんおん》する。

81

① 青い［　］《ぬの》。

② ［　　］《もうふ》をかぶる。

③ 人口の［　　］《ぶんぷ》を調べる。

④ ビラを［　　］《はいふ》する。

82

① ［　　］《れきだい》の横づな。

② ［　　］《がくれき》を言う。

③ 古い［　　］《けいれき》。

④ ［　　］《れきぜん》たる証《しょう》こ。

83

① 責《せき》［　］《にん》が重い。

② 仕事を（　　）《まかす》。

③ 自分の［　］《にん》務《む》を果たす。

④ ［　　］《しんにん》の先生。

84

① ［　　　］《しんせいひん》。

② ［　　］《とくせい》の器《うつわ》です。

③ ねじを［　　］《せいさく》する。

④ おかしを［　　］《せいぞう》する。

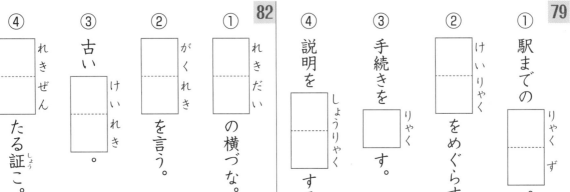

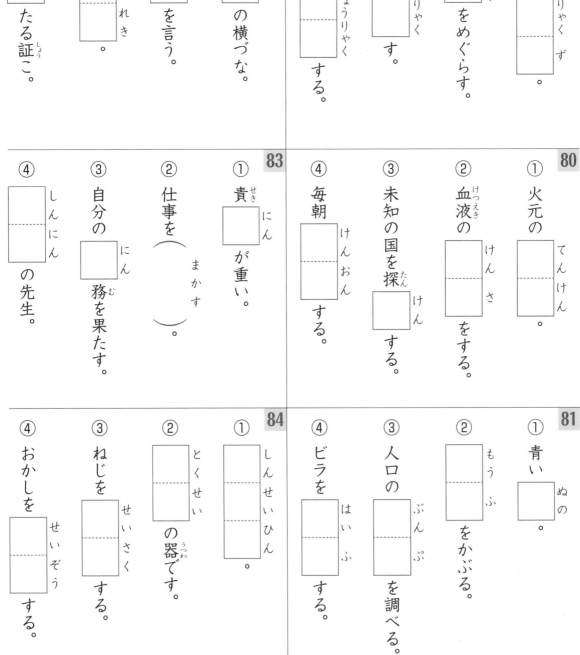

復習テスト(7) 読み

月　日

時間 20分【はやい15分・おそい25分】
合格 80点（一つ4点）
得点　点

1 ――線の漢字の読み方を書きなさい。

① あいさつを省略する。
② 持ち物の検査をする。
③ あたたかい毛布。
④ 歴代の会長。
⑤ あとは略してもよい。
⑥ 日本製の美しい織物。
⑦ 一個ずつ点検する。
⑧ カーテンの布地。

2 ――線の漢字の読み方を書きなさい。

① たいへん感謝する。
② 犬を飼う。
③ 社員に採用される。
④ 人が殺《ころ》される事件。
⑤ 歴史《し》を学ぶ。
⑥ 責《せき》任をもって仕事をする。
⑦ すぐれた製品を作る。
⑧ あとは君に任せる。

3 ――線の漢字の読み方を書きなさい。

① 機《はた》織りの機械。
② 技《ぎ》術を身につける。
③ 謝罪《ざい》の言葉を伝える。
④ 牛を飼育する。
⑤ 会議で採決をとる。
⑥ 火事が三件起こる。
⑦ 任務《む》につく。
⑧ 美術館に行く。

復習テスト(7) 書き

月　日

時間 20分 【はやい15分・おそい25分】
合格 80点 (一つ4点)
得点　点

1 次の漢字を書きなさい。

① □《しゃ》罪《ざい》する。
② □□《ようけん》を思い出す。
③ 機械で□《ぬの》を（　　）《おる》。
④ □□□《びじゅつかん》に行く。
⑤ たいへん□□《かんしゃ》する。
⑥ 牛を（　　）《かう》。
⑦ 話し合いで決を（　　）《とる》。
⑧ □□《じょうけん》を決める。

2 次の漢字を書きなさい。

① 適性□□《けんさ》を受ける。
② □□《けいりゃく》を考える。
③ 人口の□□《ぶんぷ》を調べる。
④ □□《れきだい》の校長先生。
⑤ 児童会の□□《そしき》作り。
⑥ □□《しゅじゅつ》が成功する。
⑦ 馬に□□《しりょう》をあたえる。
⑧ テストの□□《さいてん》をする。

3 次の漢字を書きなさい。

① 説明を□《りゃく》す。
② 南極の探《たん》□《けん》に出発する。
③ □□《もうふ》にくるまる。
④ □《れき》史《し》を学ぶ。
⑤ 責《せき》□《にん》を果たす。
⑥ 良い□□《せいひん》を作る。
⑦ 外国□《せい》の車を買う。
⑧ 仕事を（　　）《まかさ》れる。

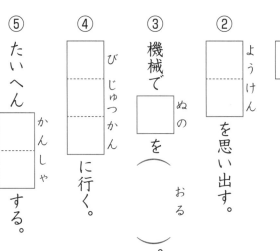

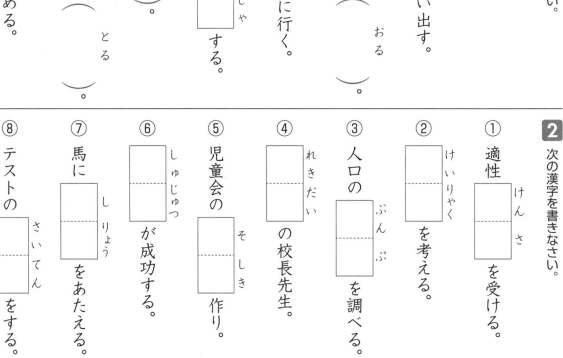

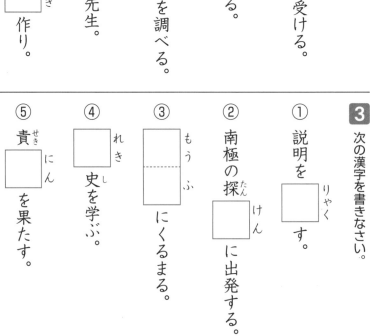

27日 厚・護・婦・桜・独・貧

85 厚

画数 9

音 （コウ）

訓 あつい

部首 厂（がんだれ）

意味 あつみがある。心がこもっている。豊かにする。

・筆順どおりに書きなさい。

——線の漢字の読み方を書きなさい。

① 分厚い本。（　　）

② 厚い友情。（　　）

③ 氷が厚く張る。（　　）

86 護

画数 20

音 ゴ

訓 —

部首 言（ごんべん）

意味 まもる。かばう。助ける。

・筆順どおりに書きなさい。

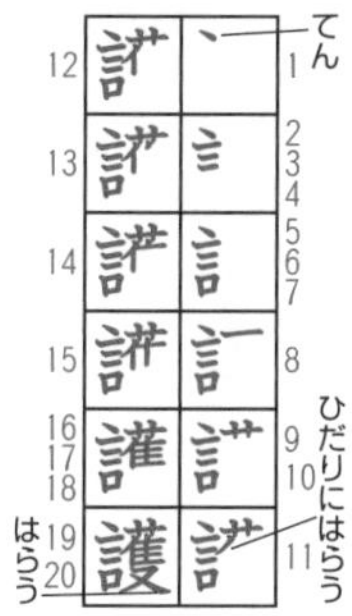

——線の漢字の読み方を書きなさい。

① 弁護士。（　　）

② 保《ほ》護する。（　　）

③ 救護活動を行う。（　　）

87 婦

画数 11

音 フ

訓 —

部首 女（おんなへん）

意味 女の人。つま。よめ。

・筆順どおりに書きなさい。

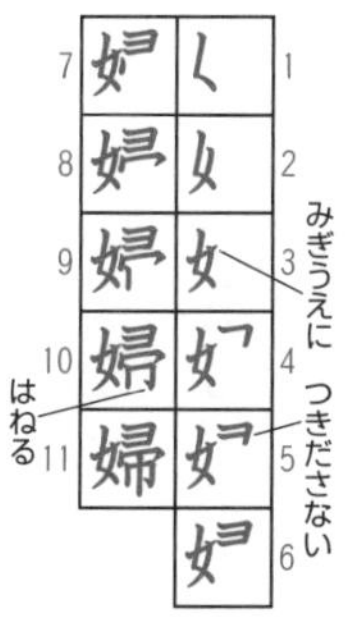

——線の漢字の読み方を書きなさい。

① 婦人服。（　　）

② 婦女子。（　　）

③ 美しい新婦。（　　）

88 桜

画数 10

音 （オウ）

訓 さくら

部首 木（きへん）

意味 木の名前。その花はわが国の国花。

・筆順どおりに書きなさい。

——線の漢字の読み方を書きなさい。

① 桜の花。（　　）

② 葉桜。（　　）

③ 桜色の和紙。（　　）

89 独

画数 9

音 ドク

訓 ひとり

部首 犭（けものへん）

意味 ひとり。ドイツのこと。

・筆順どおりに書きなさい。

——線の漢字の読み方を書きなさい。

① 独立する。（　　）

② 独り言。（　　）

③ 独力で勉強する。（　　）

90 貧

画数 11

音 （ヒン）・ビン

訓 まずしい

部首 貝（かい・こがい）

意味 びんぼうであること。とぼしい。少ない。たりない。

・筆順どおりに書きなさい。

——線の漢字の読み方を書きなさい。

① 貧乏《ぼう》くじ。（　　）

② 貧しい心。（　　）

③ 貧しい生活。（　　）

月　日

時間 20分【はやい15分・おそい25分】

合格 20問

正答 /24問

書いてみよう

85

① （　）《ぶあつい》本。

② 氷が（　）《あつく》張る。

③ （　）《てあつい》もてなし。

④ （　）《あつい》友情。

86

① ［　　　］《べんごし》になる。

② 森林を保《ほ》［　］《ご》する。

③ ［　　］《きゅうご》活動を行う。

④ 病人を看《かん》［　］《ご》する。

87

① ［　　　］《ふじんふく》。

② ［　　　］《ふじょし》を守る。

③ 仲の良い夫《ふう》［　］《ふ》。

④ 結婚式《けっこんしき》の［　　］《しんぷ》。

88

① ［　］《さくら》がさく。

② ［　　］《はざくら》の時期。

③ ［　　］《さくらいろ》の和紙。

④ ［　　］《よざくら》を見に行く。

89

① ［　　］《どくりつ》する。

② （　）《ひとりごと》を言う。

③ ［　　］《どくりょく》で勉強する。

④ ［　　］《どくだん》で決める。

90

① ［　］《びん》乏《ぼう》くじ。

② （　）《まずしい》アイデア。

③ （　）《まずしい》人を救う。

④ ［　］《びん》乏からぬけ出る。

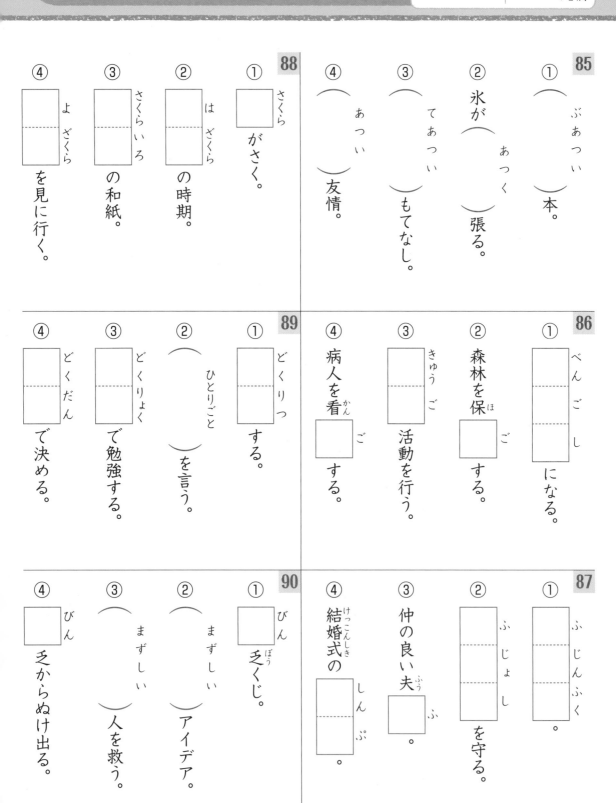

28日　素・妻・圧・制・義

91 素

画数 10

音 ソ・(ス)
訓 ―
部首 糸(いと)
意味 かざりけのないこと。もととなるもの。つねづね。

・筆順どおりに書きなさい。

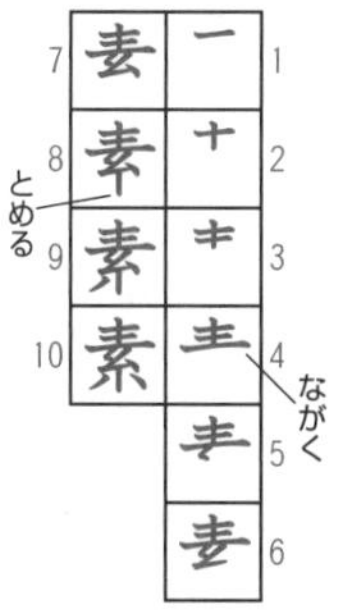

―線の漢字の読み方を書きなさい。

① 質素な生活。（　　）
② 素材。（　　）
③ 音楽の素質がある。（　　）

94 制

画数 8

音 セイ
訓 ―
部首 刂(りっとう)
意味 決めること。決めたもの。おさえること。定める。つくる。

・筆順どおりに書きなさい。

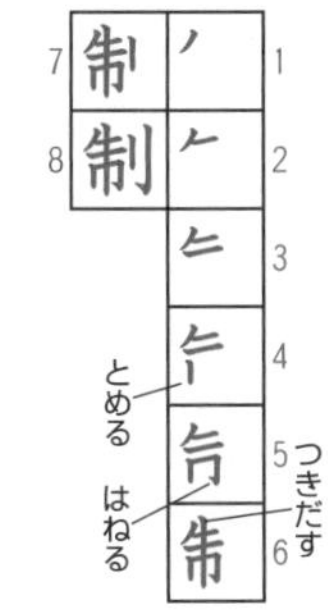

―線の漢字の読み方を書きなさい。

① 制服。（　　）
② 教育制度。（　　）
③ 自由を制限《げん》する。（　　）

92 妻

画数 8

音 サイ
訓 つま
部首 女(おんな)
意味 つま。夫のある婦人。

・筆順どおりに書きなさい。

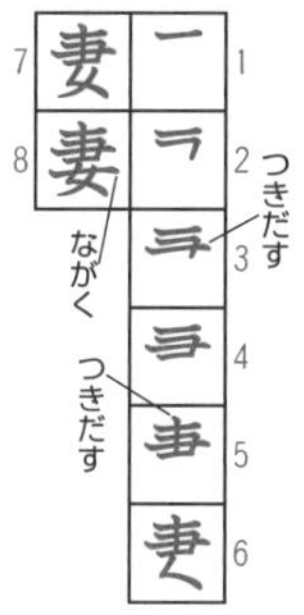

―線の漢字の読み方を書きなさい。

① 夫と妻。（　　）（　　）
② 妻と出かける。（　　）
③ 会長夫妻に会う。（　　）

95 義

画数 13

音 ギ
訓 ―
部首 羊(ひつじ)
意味 正しい道。血のつながりのない身内。かわりのもの。意味。

・筆順どおりに書きなさい。

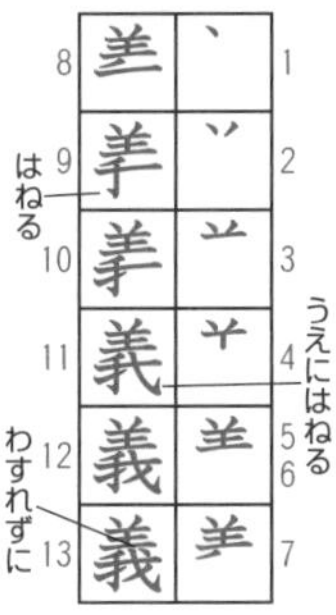

―線の漢字の読み方を書きなさい。

① 正義の味方が来た。（　　）
② 義理の兄。（　　）
③ 義務《む》教育。（　　）

93 圧

画数 5

音 アツ
訓 ―
部首 土(つち)
意味 おさえつけること。おさえる。

・筆順どおりに書きなさい。

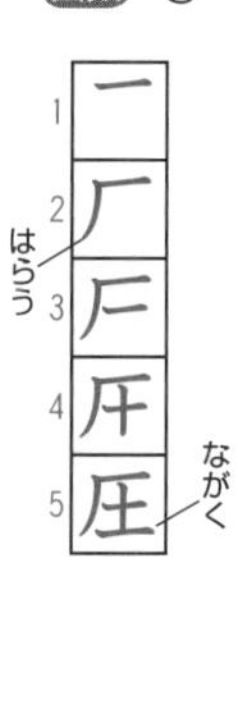

―線の漢字の読み方を書きなさい。

① 圧力が上がる。（　　）
② 圧勝する。（　　）
③ 高気圧。（　　）

知っとく 「議」と「義」の使い分け

「義」は作法・ふるまい・正しい道などの意味を持ち、「議」は話し合いや意見という意味を持ちます。同じ音で形が似《に》ていますが、正しく使い分けるようにします。

〔例〕
義…講義《こうぎ》・義務《ぎむ》・正義・主義
議…会議・議題・協議・異議《いぎ》

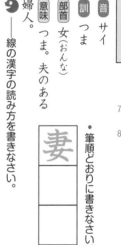

書いてみよう

月　日

時間 20分【はやい15分・おそい25分】　合格 16問　正答 /20問

91

① □□《しっそ》なくらし。

② 文章の構成□□《ようそ》。

③ □□《そざい》を生かす。

④ 音楽の□□《そしつ》がある。

94

① 学校の□□《せいふく》。

② 教育□□《せいど》。

③ 自由を□《せい》限《げん》する。

④ 規則《きそく》を□□《せいてい》する。

92

① 夫と□《つま》。

② □《つま》の手料理を食べる。

③ 社長□□《ふさい》との会食。

④ □□□《さいたいしゃ》。

95

① □□《せいぎ》の味方。

② □□《いぎ》のある人生。

③ □《ぎ》務《む》を果たす。

④ □□《ぎり》の兄。

93

① □□□《こうきあつ》。

② 試合で□□《あっしょう》する。

③ □□《あつりょく》が上がる。

④ □□《でんあつ》が下がる。

知っとく　「素質」と「質素」

同じ漢字の組み合わせの熟語《じゅくご》ですが、漢字の並《なら》べ方で意味がちがうことに注意します。それぞれの意味は次のようになります。

素質…生まれつき持っている能力や性質。

質素…かざり気がなく、くらしむきなどがつつましいこと。

29日

復習テスト(8) 読み

月　日

時間 20分【はやい15分・おそい25分】

合格 80点（一つ4点）

得点　　点

1 ——線の漢字の読み方を書きなさい。

① 圧　力を加える。
② 日ごろの素　行を改める。
③ 独　学で英語を学ぶ。
④ 制　服を着る。
⑤ 参加する義務《む》がある。
⑥ 正　義に味方する。
⑦ 質　素な生活を送る。
⑧ 独りで夜の庭の桜を見る。

2 ——線の漢字の読み方を書きなさい。

① 自由を制限《げん》する。
② 田中夫　妻に会う。
③ 温　厚な人柄《ひとがら》。
④ 迷子《まいご》を保《ほ》護する。
⑤ データを圧縮《しゅく》する。
⑥ 音楽の素　質がある。
⑦ 厚く張った氷。
⑧ 仏のご加　護を願う。

3 ——線の漢字の読み方を書きなさい。

① 婦　人服売り場。
② 葉　桜がきれい。
③ アメリカ独　立記念日。
④ 貧乏《ぼう》な生活。
⑤ 美しい新　婦。
⑥ アニメーションの制　作。
⑦ 妻と出かける。
⑧ 貧しさからぬけ出す。

復習テスト(8) 書き

月　日

時間 20分【はやい15分・おそい25分】
合格 80点（一つ4点）
得点　点

1 次の漢字を書きなさい。

① かれの□《つま》は美しい。
② チームが□□《あっしょう》する。
③ □□《あつりょく》を□《せい》御《ぎょ》する。
④ 知らない□《そ》ぶりをする。
⑤ データを□《あっ》縮《しゅく》する。
⑥ 先生は□□《どくしん》だ。
⑦ □□《へいそ》の行いを正す。
⑧ 音楽の□□《そしつ》がある。

2 次の漢字を書きなさい。

① □□《せいぎ》感に燃《も》える。
② 野鳥を保《ほ》□《ご》する。
③ 人柄《ひとがら》が□□《おんこう》だ。
④ 権利《けんり》と□《ぎ》務《む》。
⑤ 教育□□《せいど》。
⑥ □□□《さいたいしゃ》。
⑦ （　　）《あつい》布地で作る。
⑧ 神のご□□《かご》を願う。

⑦「暑い」「熱い」も書き分けられるようにしよう。

3 次の漢字を書きなさい。

① 家庭の□□《しゅふ》。
② □□《はざくら》がきれいだ。
③ □□《どくりょく》で地位を築《きず》く。
④ □《びん》乏《ぼう》から解放される。
⑤ □□《ふじん》雑誌《ざっし》を買う。
⑥ □《さくら》の花が散る。
⑦ （　　）《ひとり》よがりはやめる。
⑧ （　　）《まずしい》人々を助ける。

まとめテスト(3) 読み

月　日

時間 20分
【はやい15分・おそい25分】

合格 80点
(一つ4点)

得点　点

1 ——線の漢字の読み方を書きなさい。

① 自動車の製造工場。

② 動物愛護週間。

③ アメリカの独立戦争。

④ お金が余る。

⑤ 友達の夢を見る。

⑥ 質素な生活をする。

⑦ 財《さい》布を落とす。

⑧ 歴代の会長。

2 ——線の漢字の読み方を書きなさい。

① さきほこる桜の花。

② 氷が厚く張った。

③ 文具店を営む。

④ 圧力が上がる。

⑤ 事件が起きる。

⑥ チョウを採集する。

⑦ 虫を飼育する。

⑧ 毛織物の最新の技《ぎ》術。

3 ——線の漢字の読み方を書きなさい。

① 特価品。

② 通信衛星。

③ びわ湖の豊富な水。

④ 条例を定める。

⑤ 月謝をはらう。

⑥ あいさつを省略する。

⑦ 学校の伝統を守る。

⑧ 自由を制限《げん》する。

まとめテスト(3) 書き

月　　日

時間 20分 【はやい15分・おそい25分】
合格 80点 （一つ4点）
得点　　点

1 次の漢字を書きなさい。

① 文具店を（いとなむ）。

② 答えは五（あまり）三だ。

③ 説明を□《りゃく》す。

④ 殺人《さつじん》□□《じけん》が起こる。

⑤ テストの□□《さいてん》をする。

⑥ 生活が（ゆたか）になる。

⑦ 商品の□□《ていか》。

⑧ 車内で□□《えきべん》を買う。

2 次の漢字を書きなさい。

① □□《れきだい》の社長。

② 会長□□《ふさい》に会う。

③ □□《はざくら》の季節。

④ 荷物を□□《けんさ》する。

⑤ □□《ふじん》服売り場。

⑥ （ひとり）よがり。

⑦ □□《でんとう》を重んじる。

⑧ 自由を□《せい》限《げん》する。

3 次の漢字を書きなさい。

① □□《ひじょう》にゆかいだ。

② パソコンに□□《むちゅう》だ。

③ 布を（おる）。

④ □□□□《じんこうえいせい》。

⑤ 三つの□□《ようそ》がある。

⑥ 権利《けんり》と□《ぎ》務《む》。

⑦ □《びん》乏《ぼう》からぬけだす。

⑧ □□《しゅじゅつ》を（まかせる）。

進級テスト(1)　読み

時間 20分【はやい15分・おそい25分】
合格 80点（一つ5点）
得点　　点

1 次の漢字の訓読みを書きなさい。

① 学者を志す。（　　）
② みんなでテントを張る。（　　）
③ 受付を設ける。（　　）
④ 酒を造る。（　　）
⑤ 申し出を断る。（　　）
⑥ 自分の会社を営む。（　　）
⑦ パーティーに友人を招く。（　　）
⑧ かくれていた月が現れる。（　　）

2 上と下の漢字を線で結んで熟語《じゅくご》を作りなさい。（完答）

(1)
① 判・　　・㋐ 成
② 質・　　・㋑ 断
③ 賛・　　・㋒ 問

(2)
① 性・　　・㋐ 別
② 可・　　・㋑ 業
③ 授・　　・㋒ 決

(3)
① 校内・　　・㋐ 公園
② 国立・　　・㋑ 放送
③ 明治・　　・㋒ 時代

(4)
① 消防・　　・㋐ 本意
② 国際・　　・㋑ 訓練
③ 内容・　　・㋒ 平和

3 ――線の漢字の読み方を書きなさい。

① 墓前に花を供《そな》える。（　　）
② 素行が悪い。（　　）
③ 事業の基金を作る。（　　）
④ きちんと順序を守る。（　　）
⑤ 金属を調べる。（　　）
⑥ 成功の要因。（　　）
⑦ 新刊を心待ちにする。（　　）
⑧ 多くの経験を持つ。（　　）

月　日

進級テスト(1) 書き

時間 20分【はやい15分・おそい25分】

合格 80点（一つ4点）

得点　　点

1 次の読み方にあたる熟語《じゅくご》を書きなさい。

(1) ショウメイ
① 在学□□書。
② ぶたいの□□。

(2) カンコウ
① □□旅行。
② 書物を□□する。

(3) カイセイ
① □□の空。
② 法律《ほうりつ》を□□する。

(4) エイセイ
① 人工□□が飛ぶ。
② 都市の公衆《こうしゅう》□□。

2 次の音と訓を持つ漢字を書きなさい。

① □ にん／まかせる
② □ ボウ／ふせぐ
③ □ ム／ゆめ
④ □ コウ／かまえる
⑤ □ セイ／いきおい
⑥ □ ヨ／あまる
⑦ □ ショウ／まねく
⑧ □ ザイ／ある

3 次の漢字を書きなさい。

① □□《かいてき》な温度。
② □□《ちょきん》をして買う。
③ 石から石へ飛び（　）《うつる》。
④ （　）《ふたたび》□□《ほうこく》する。
⑤ 事業の□□《しきん》を集める。
⑥ □□《ひじょう》ベルが鳴る。
⑦ □□□《しんせいひん》に飛びつく。
⑧ 生活が（　）《まずしい》。

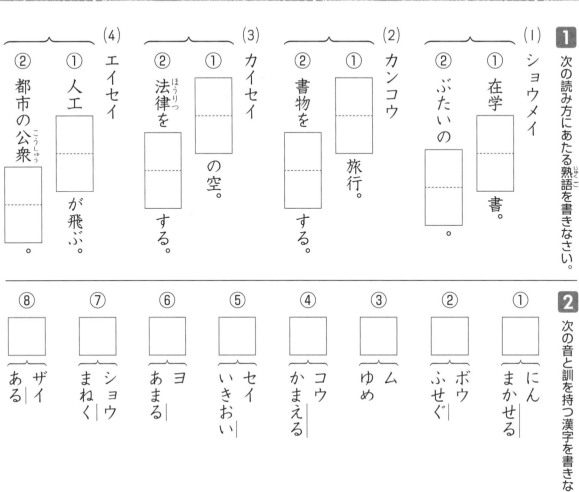

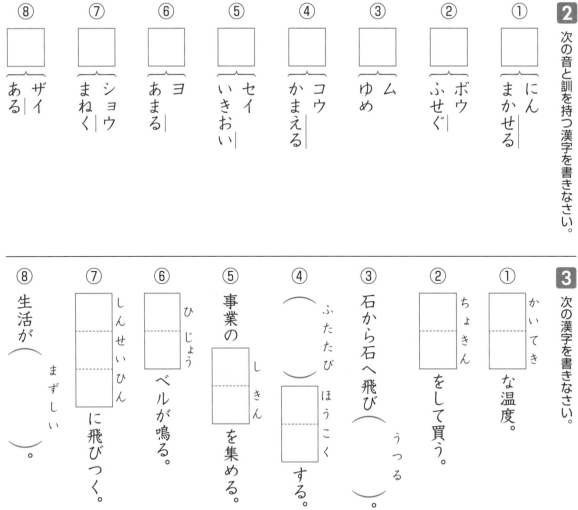

月　日

進級テスト(2) 読み

時間 20分【はやい15分・おそい25分】
合格 80点（一つ4点）
得点　　点

1 ――線の漢字の読み方を書きなさい。

①
㋐ 今年は豊作だ。（　）
㋑ 豊かな自然。（　）

②
㋐ 確実な方法。（　）
㋑ 確かな手ごたえ。（　）

③
㋐ 人材を採用する。（　）
㋑ 山菜を採る。（　）

④
㋐ 用紙を配布する。（　）
㋑ 布を織る。（　）

2 同じ部首の漢字を組み合わせて熟語《じゅくご》を四つ作り、読み方を書きなさい。

組	資	墓	潔	
織	地	清	質	

（　）（　）（　）（　）

3 次の熟語の読み方を書きなさい。

① 検察官（　）
② 弁護人（　）
③ 調査員（　）
④ 衛生兵（　）
⑤ 飼育員（　）

4 ――線の漢字の読み方を書きなさい。

① 大きな河が流れる。（　）
② 個人的な相談がある。（　）
③ 大仏を見上げる。（　）
④ 国会の答弁。（　）
⑤ 制度を改める。（　）
⑥ 料理に酸味を加える。（　）
⑦ 意見を統一する。（　）
⑧ 自分の略歴を述《の》べる。（　）

進級テスト(2) 書き

月　日

時間 20分
【はやい15分・おそい25分】
合格 80点
(一つ5点)
得点　　点

1 反対の意味の漢字を合わせた熟語《じゅくご》になるように、□に漢字を書きなさい。

① 遠□
② 往□
③ 明□

2 似《に》た意味の漢字を合わせた熟語になるように、□にあとの読みを表す漢字を選んで書きなさい。

① 省□
② 表□
③ □富

ホウ　リャク　ゲン

3 次の漢字を正しく書きなさい。(完答)

① ㋐ アンケートの□《かい》答。
　 ㋑ 問題の□《かい》答。
② ㋐ 自□《えい》業。
　 ㋑ 自□《えい》隊。
③ ㋐ 人格の形□《せい》。
　 ㋑ 不利な形□《せい》。
④ ㋐ 校庭を□《かい》放する。
　 ㋑ 病気が□《かい》方に向かう。

4 次の漢字を書きなさい。

① □□《ぎゃくてん》で(　)《いきおい》づく。
② □□《どうし》をつのる。
③ □□《そしき》を□□《こうせい》する。
④ 先祖《せんぞ》のお□《はか》に参る。
⑤ □□《ぜいきん》が上がった。
⑥ □□《しんじょう》にしたがう。
⑦ 動物を□□《あいご》する。
⑧ 先生ご□□《ふさい》の出席。

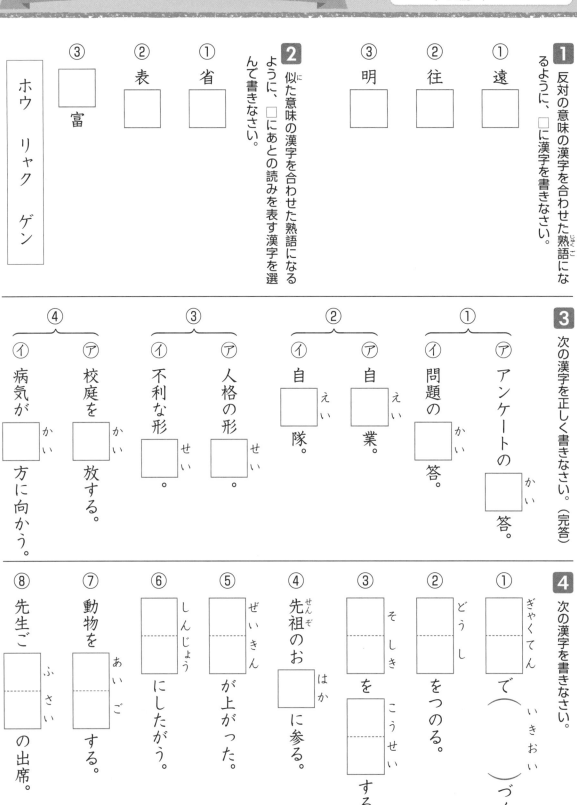

進級テスト(3) 読み

時間 20分【はやい15分・おそい25分】
合格 80点（一つ4点）
得点　点

1 ——線の漢字の読み方を書きなさい。

① ㋐ 綿のシャツ。（　）　㋑ 線を引く。（　）

② ㋐ 圧力をかける。（　）　㋑ 実在の人物。（　）

③ ㋐ 日常生活（　）　㋑ 食堂のメニュー。（　）

④ ㋐ 正統な理由がある。（　）　㋑ 物語の続編。（　）

2 同じ読み方の熟語《じゅくご》を——線で結びなさい。

① 陽気・　　・㋐ 定価
② 河口・　　・㋑ 気候
③ 低下・　　・㋒ 官舎
④ 寄港・　　・㋓ 容器
⑤ 感謝・　　・㋔ 加工

3 次の熟語の読み方を書きなさい。

① 大義名分（　）
② 理非曲直（　）
③ 言語道断（　）
④ 心機一転（　）

4 ——線の漢字の読み方を書きなさい。

① 神社を守護する。（　）
② 美術品をながめる。（　）
③ 新任の先生。（　）
④ 気に留める。（　）
⑤ ちこくの弁解をする。（　）
⑥ 法案が可決された。（　）
⑦ 多くの賛同を得る。（　）
⑧ 仕事に復帰する。（　）

進級テスト(3)　書き

時間 20分【はやい15分・おそい25分】　得点　点
合格 80点（一つ5点）

1 □にあてはまる漢字を入れて、四字熟《じゅく》語《ご》を完成させなさい。（完答）

① □材□所
② □立□歩
③ □三□四
④ 右□左□
⑤ □種□様
⑥ □発□中

2 次の漢字と部首を組み合わせてできる漢字を書きなさい。

① 受＋てへん □
② 固＋にんべん □
③ 祭＋こざとへん □
④ 司＋しょくへん □
⑤ 生＋りっしんべん □
⑥ 正＋ごんべん □

3 次の漢字を書きなさい。

① 身長を□（へいきん）する。
② 本の□（じょぶん）を書く。
③ 警察《けいさつ》に□（つうほう）する。
④ □（よぶん）な荷物。
⑤ □（こせい）を尊重《そんちょう》する。
⑥ 熱心に□（しつもん）する。
⑦ 相手チームに□（あっしょう）した。
⑧ 母は専業《せんぎょう》□（しゅふ）だ。

進級テスト(4) 読み

月　日

時間 20分【はやい15分·おそい25分】
合格 80点（一つ4点）
得点　点

1 ──の漢字の訓読みを書きなさい。（完答）

① ㋐ 増す（　）　㋑ 増やす（　）
② ㋐ 志（　）　㋑ 志す（　）
③ ㋐ 寄る（　）　㋑ 寄せる（　）
④ ㋐ 余る（　）　㋑ 余す（　）

2 次の漢字の読み方を書きなさい。

① 大臣（　）
② 家臣（　）
③ 留学（　）
④ 留守（　）
⑤ 判別（　）
⑥ 小判（　）

3 次の植物の読み方を書きなさい。

① 桜（　）
② 梅（　）
③ 松（　）

4 ──線の漢字の読み方を書きなさい。

① 婦人服を買う。
② 先生ご夫妻。
③ 自家製のジャム。
④ 寄付を提案する。
⑤ 厚いもてなしを受ける。
⑥ 物価が下がる。
⑦ 芸術家と会う。
⑧ 毛織物を機械で編む。
⑨ 的確に素早く指示する。

進級テスト(4) 書き

月　日

時間 20分【はやい15分・おそい25分】
合格 80点（一つ5点）
得点　点

1 次の熟語《じゅくご》と反対の意味の熟語を書きなさい。

① げんいん ↔ 結果
② さんせい ↔ 反対
③ きょうせい ↔ 任意
④ じんぞう ↔ 天然
⑤ いどう ↔ 固定
⑥ せつりつ ↔ 解散

2 次の□にあてはまる漢字を入れて、ことわざを完成させなさい。

① □ある鷹《たか》は爪《つめ》をかくす
② □えあれば憂《うれ》いなし
③ 三人□れば文殊《もんじゅ》の知恵《え》
④ □い犬に手をかまれる
⑤ 知らぬが□
⑥ □乏暇《ぼうひま》なし

3 次の漢字を書きなさい。

① じけん を報道する。
② さんそ ボンベ。
③ つね に気を配る。
④ わた のような雲。
⑤ ゆうぎ な時間。
⑥ こうしゃ を清掃《せいそう》する。
⑦ 自分の ひりき を思い知る。
⑧ 十分 けんさ する。

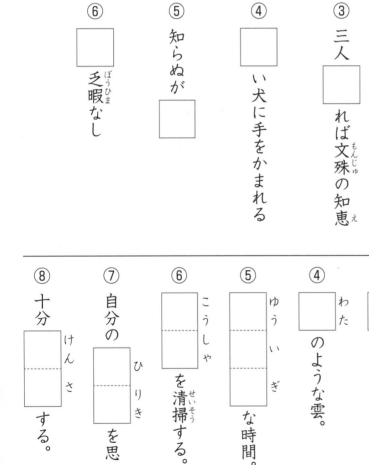

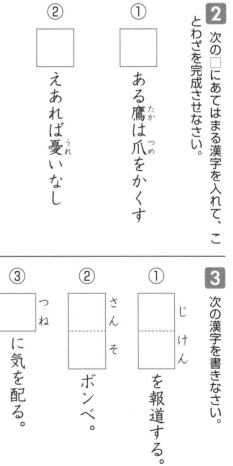

進級テスト(5) 読み

月　日

時間 20分【はやい15分・おそい25分】
合格 80点（一つ4点）
得点　点

1 ——線の漢字の読み方を書きなさい。

① ㋐ 基本を学ぶ。（　）　㋑ 期日を守る。（　）

② ㋐ 昭和の時代。（　）　㋑ 招待する。（　）

③ ㋐ 自由帳。（　）　㋑ 出張する。（　）

④ ㋐ 破産する。（　）　㋑ 防波堤《てい》。（　）

2 訓読みしたときに同じ送りがながつく漢字を——線で結びなさい。

① 編・　・㋐ 量

② 経・　・㋑ 浅

③ 示・　・㋒ 包

④ 快・　・㋓ 周

⑤ 独・　・㋔ 差

3 ——線の漢字の読み方を書きなさい。

① 忠言《ちゅうげん》耳に逆らう（　）

② 飛ぶ鳥を落とす勢い（　）

③ 面《つら》の皮が厚い（　）

④ 目に余る（　）

4 ——線の漢字の読み方を書きなさい。

① 再来年に完成する。（　）

② 会長の立場に在る。（　）

③ チームに所属する。（　）

④ 均整のとれた顔つき。（　）

⑤ 実際に起きたこと。（　）

⑥ 食堂に行く。（　）

⑦ 可能性を考える。（　）

⑧ 見たままを証言する。（　）

進級テスト(5) 書き

月　日

時間 20分 【はやい15分・おそい25分】
合格 80点 (一つ5点)
得点　点

1 同じ訓読みの言葉を漢字と送りがなで書きなさい。(完答)

(1) おる
① 紙を(　　)。
② 布を(　　)。

(2) とく
① 理想を(　　)。
② 問題を(　　)。

(3) やぶれる
① 紙が(　　)。
② 戦いに(　　)。

(4) まかす
① 相手を(　　)。
② 相手に(　　)。

2 次の漢字を書きなさい。

①
㋐ 新聞を□□《へんしゅう》する。
㋑ 会場の□□《しゅうへん》。

②
㋐ 画期的な□□《ていあん》。
㋑ □□《あんてい》した姿勢《しせい》。

③
㋐ □□《しゅふ》の仕事。
㋑ 社長□□《ふじん》。

④
㋐ 風景を□□《しゃせい》する。
㋑ □□《げっしゃ》をはらう。

3 次の漢字を書きなさい。

① □《つま》と出かける。
② □□《じょうけん》を示す。
③ いたずらを□□《はくじょう》する。
④ 人口が□□《ぞうか》する。
⑤ □□《かくじつ》に覚える。
⑥ 休日も□□《えいぎょう》している。
⑦ トンボを□□《さいしゅう》する。
⑧ □□《しりょう》を参照する。

解答

漢字 5級

1ページ

1 ①しょうめい ②こうぶつ ③しょうちくばい ④かいへん ⑤やくそく ⑥ていおん ⑦はか ⑧は

2 ①せつぶん ②ち ③せいりゅう ④つら ⑤こてい ⑥おび ⑦そこ ⑧たと

3 ①てかがみ ②ちょうろう・しゅくふく ③やぶ ④ぐんだん ⑤み ⑥いさ ⑦たいせん ⑧かもつ

2ページ

1 ①初日 ②周り ③加える ④梅 ⑤飛ぶ ⑥感覚 ⑦合唱 ⑧続く

2 ①冷ます ②兵庫・面積 ③折る ④巣 ⑤海底 ⑥置く ⑦牧場 ⑧最後

3 ①大臣 ②建国 ③夕飯 ④材料 ⑤英語 ⑥以上 ⑦年末 ⑧野菜

3ページ

1 ①はつ ②ついか ③ねが ④ひょうさつ ⑤ひこうじょう ⑥さ ⑦つ ⑧とな

2 ①ひっし・たたか ②れんぞく ③れいがい ④つ ⑤うせつ ⑥れいせい ⑦いちりんしゃ ⑧はくぶつかん

3 ①くんよ ②たんい ③かた ④みらい ⑤なお ⑥きょくげい ⑦かくち ⑧まち

4ページ

1 ①照り ②念願 ③四季・風景 ④好き ⑤札 ⑥付録 ⑦感覚 ⑧花束

2 ①低い ②位 ③発芽 ④清める ⑤節目 ⑥右側 ⑦争う ⑧商店街

3 ①希望 ②機械 ③直径 ④南極 ⑤卒業 ⑥音楽隊 ⑦上達 ⑧完全

5ページ

1 ①や ②きかん ③か ④いち ⑤つめ ⑥たりょう ⑦いちもくさん ⑧しゅう

2 ①もっと ②かんさつ ③あらた ④せいこう ⑤ほうたい ⑥なたねあぶら ⑦けんこう ⑧わぐま

3 ①わら ②なかま ③おさ ④くわ ⑤す・しっぱい ⑥はたら ⑦まんかい ⑧め

6ページ

1 ①連れ ②風景 ③給食 ④労働 ⑤飯 ⑥建てる ⑦結果 ⑧電灯

2 ①浅い ②印刷 ③失う ④老い ⑤満ちる ⑥連続 ⑦積もる ⑧初め

3 ①望遠鏡 ②挙げる ③住民 ④勇気 ⑤冷え ⑥号令 ⑦松・好む ⑧散る

7ページ

1 ①ねんぶつ ②ほとけさま ③ぶっきょう ④だいぶつ

2 ①こうこく ②こく ③つ ④よこく

3 ①はか ②ぼち ③ぼぜん

4 ①ぞうせんじょ ②もくぞう ③つく ④けんぞうぶつ

5 ①おうろ ②おう ③おうらい ④うおうさおう

6 ①おうふく ②ふくしゅう ③はんぷく ④ふっき

8ページ

1 ①仏 ②仏様 ③仏教 ④念仏

2 ①広告　②告げる　③告　④予告
3 ①墓　②墓石　③墓地　④墓前
4 ①造船所　②造る　③建造物　④木造
5 ①往来　②往　③往路　④右往左往
6 ①往復　②反復　③復習　④回復

チェックポイント　「往」はよくにた漢字「住」と書きまちがえないようにします。

9ページ

7 ①しゅちょう　②は　③しゅっちょう
8 ①せいかく　②たし　③かくじつ　④かくしん
9 ①りかい　②と　③かいけつ　④ゆきど
10 ①てきせつ　②てき　③てきど　④てきとう
11 ①はんめい　②こばん　③はん　④はんてい
12 ①ちゅうだん　②おうだん　③ことわ　④はんだん

10ページ

7 ①張る　②張り　③出張　④主張
8 ①正確　②確か　③確実　④確かめる
9 ①解く　②理解　③解決　④解散
10 ①適切　②適　③適当　④適度
11 ①小判　②判定　③判明　④判
12 ①断る　②中断　③判断　④横断

チェックポイント　「確」は八画目を七画目の上につきだして左下へはらいます。「宀（うかんむり）」にならないよう注意します。

11ページ

1 ①しゅちょう　②かくじつ　③りかい　④おうふく　⑤たし　⑥は　⑦てきとう　⑧と
2 ①ばん・はんけつ　②だんすい　③こうこく　④ぶつ　⑤はか　⑥こくち　⑦はん　⑧ほとけさま
3 ①ぞうせん　②はかいし(ぼせき)　③てきせつ　④ふっかつさい　⑤ことわ　⑥つく　⑦ふくしゅう　⑧つ

12ページ

1 ①主張　②確信　③適　④解決　⑤往来　⑥確かに　⑦解ける　⑧張り
2 ①判定　②断然　③確かめる　④広告　⑤社判　⑥断る　⑦告げる　⑧仏
3 ①墓標　②造花　③復元　④往復　⑤仏・造る　⑥往　⑦墓　⑧適

13ページ

13 ①けんせつ　②せつ　③せっけい　④もう
14 ①こじん　②ろっこ　③こ
15 ①しつもん　②しつ　③ひんしつ　④たいしつ
16 ①さんせい　②さんじょ　③さん
17 ①きほん　②き　③きち
18 ①ていあん　②ていしゅつ　③ていき

14ページ

13 ①建設　②設ける　③設　④設計図
14 ①個　②六個　③個人的　④個別
15 ①質問　②悪質　③体質　④質
16 ①賛成　②賛助　③賛　④賛同
17 ①基本　②基　③基地　④基
18 ①提案　②提出　③提起　④提

チェックポイント　「基」は「墓」と書きまちがえないように注意します。

15ページ

19 ①ないよう　②ようき　③ようせき　④びよう
20 ①ま　②ふ　③ぞうさん
21 ①しりょう　②しほん　③ぶっし　④しきん
22 ①へいきんてん　②きんいつ　③きんとう

23 ①ほうこく ②よほう ③でんぽう ④ほうどう
24 ①ひょうじ ②しめ ③しじ

16ページ

19 ①容積 ②容器 ③美容院 ④内容
20 ①増す ②増やす ③増産 ④増発
21 ①資本 ②物資 ③資料 ④資金
22 ①平均点 ②均一 ③均等 ④均整
23 ①報告 ②報 ③電報 ④予報
24 ①表示 ②示す ③指示 ④示す

チェックポイント 「均」は六・七画目の点の向きに注意します。「報」は筆順に注意します。九画目は折ってはね、十画目は下まで下ろしたら止めます。

17ページ

1 ①びよういん ②ぞうはつ ③しりょう ④へいきんてん ⑤ないよう ⑥ふ ⑦きんいつ ⑧しほんきん・ぞう
2 ①ほうこく ②しじ ③せっけいず ④こじん ⑤しめ ⑥かいほう ⑦こ ⑧もう
3 ①しつもん ②さんせい ③きほん ④ていあん ⑤きち ⑥さんどう ⑦ていしゅつ ⑧ほんしつ

18ページ

1 ①均等 ②内容 ③増産 ④学資 ⑤形容 ⑥増す ⑦平均 ⑧資
2 ①電報 ②建設 ③示板 ④個 ⑤設ける ⑥指示 ⑦個 ⑧予報
3 ①質 ②提出 ③賛成 ④基本・示す ⑤賛同 ⑥品質 ⑦基 ⑧提案

19ページ

1 ①きゅうぞう ②と ③ぞう ④しほん ⑤こべつ ⑥きんとう ⑦はかまい ⑧ないよう
2 ①おうふく ②ぼち ③てき ④ぶっきょう ⑤つく ⑥こくはく ⑦でんぽう ⑧は
3 ①かくじつ ②はんだん ③さんせい ④りかい・しめ ⑤しつもん ⑥ていしゅつ ⑦きほん ⑧けんせつ

20ページ

1 ①資産 ②判断 ③適切・指示 ④復元 ⑤平均 ⑥報告書 ⑦基本 ⑧容器
2 ①確か ②増す ③仏前 ④予告 ⑤往復 ⑥仏 ⑦品質 ⑧個人
3 ①主張 ②断る ③賛同 ④墓石 ⑤設問 ⑥増加 ⑦提案 ⑧解く

21ページ

25 ①ちょきん ②ちょ ③ちょすいち ④ちょきんばこ
26 ①ぜいきん ②ぜい ③じゅうみんぜい
27 ①きんぞく ②ふぞく ③しょぞく
28 ①せいしつ ②こせいてき ③こうせい
29 ①やぶ ②は ③どくは
30 ①こうそう ②かま ③こうぞう

22ページ

25 ①貯金 ②貯 ③貯水池 ④貯
26 ①税 ②税金 ③課税 ④税関
27 ①金属 ②付属 ③属 ④所属
28 ①野性 ②理性 ③性 ④性
29 ①破れる ②破る ③破 ④読破
30 ①構える ②構想 ③心構え ④構造

チェックポイント 「属」は十画目から十二画目を「山」としないように書きます。

23ページ

31 ①じゅぎょう ②きょうじゅ ③じゅ ④でんじゅ
32 ①めいかい ②かいせい ③こころよ ④かいそく
33 ①けいけん ②へ ③けいゆ
34 ①けつ ②けっぱく ③せいけつ

④ふけつ

35 ①じっさい ②こうさい
③こくさいてき

36 ①ひょうげん ②あらわ ③げんだい

24ページ

31 ①授業 ②教授 ③授 ④伝授

32 ①明快 ②快い ③全快 ④快晴

33 ①経験 ②経る ③経て ④経

34 ①潔 ②潔白 ③清潔 ④不潔

35 ①実際 ②際 ③国際的 ④交際

36 ①表現 ②現れる ③実現 ④現代

チェックポイント 「快」は「忄（りっしんべん）」です。「決」とまちがえないようにします。「際」の四～七画目は「夕」ではないので注意します。

25ページ

1 ①げんきん ②けいけん ③へ
④せいけつ ⑤けっぱく ⑥かいせい
⑦あらわ ⑧じゅぎょう

2 ①こころよ ②さい ③ちょきん
④ぜいかん ⑤ちょすい ⑥かんぜい
⑦じゅじゅ ⑧げんだい・けい

3 ①きんぞく ②せい ③は ④こうそう
⑤しょぞく ⑥やぶ ⑦かま
⑧じょせい

26ページ

1 ①現す ②経て ③快 ④授業 ⑤快晴
⑥不潔 ⑦表現 ⑧経験

2 ①清潔・快い ②税金 ③貯金 ④潔
⑤快晴 ⑥授 ⑦実際 ⑧貯水

3 ①金属 ②性 ③破 ④構内 ⑤男性
⑥属 ⑦破る ⑧門構え

27ページ

37 ①しょうたい ②まね ③しょうしゅう

38 ①ねんがじょう ②あんないじょう
③じょう

39 ①きふ ②きしゅく ③としよ

40 ①いし ②しぼう ③こころざ
④こころざし

41 ①げんざい ②じざい ③ざいがく
④あ

42 ①ちょうさ ②さ ③さ

28ページ

37 ①招待 ②招く ③招集 ④招き

38 ①年賀状 ②案内状 ③白状 ④状

39 ①寄宿 ②寄付 ③年寄り ④寄せる

40 ①志 ②志望 ③有志 ④志す

41 ①現在 ②在学 ③自在 ④在

42 ①調査 ②査 ③査 ④査

29ページ

43 ①しょうしょ ②しょうにん
③しょうめいしょ

44 ①ふかかい ②かけつ ③ふかけつ ④か

45 ①うつ ②いじゅう ③いどう

46 ①めん ②わたげ ③めん ④わたゆき

47 ①げんいん ②いんが ③しょういん

48 ①きのう ②ちのう ③のうりょく

チェックポイント 「状」は一～三画目の筆順に注意し、七画目の点をわすれないように書きます。「在」は三画目を二画目より少し上に出します。

30ページ

43 ①証書 ②証人 ③証明 ④証

44 ①可 ②不可解 ③可 ④可決

45 ①移住 ②移動 ③移る ④移転

46 ①綿 ②綿毛 ③綿雪 ④綿

47 ①因果 ②原因 ③勝因 ④敗因

48 ①可能 ②性能 ③能力 ④才能

31ページ

1 ①しょうにん ②ふかのう ③いてん
④めん ⑤しょう ⑥わたい ⑦か
⑧うつ

2 ①きふ ②ねんがじょう ③まね

④としよ・しょうたい ⑤あ
⑥きのう ⑦しょういん ⑧げいのう
3 ①はくじょう ②てまね ③こころざ
④いし ⑤げんいん ⑥げんざい
⑦ちょうさ ⑧こころざし

32ページ

1 ①寄付 ②招く ③志す ④在校生
⑤査 ⑥寄り ⑦年賀状 ⑧招待
2 ①原因 ②才能 ③綿 ④移る
⑤年寄り ⑥意志 ⑦在 ⑧志
3 ①能力・査 ②綿 ③可 ④証人
⑤移動 ⑥可能 ⑦証明 ⑧敗因

33ページ

49 ①せつび ②びひん ③そな
50 ①ふたた ②さらいげつ ③さいけん
51 ①いきお ②おおぜい ③せいりょく
52 ①ぎゃく ②ぎゃくてん ③さか
④さかだ
53 ①りゅうがく ②るすばん ③と
④ざんりゅう
54 ①しゅうかん ②げっかん
③ちょうかん

34ページ

49 ①設備 ②備 ③備える ④備品
50 ①再び ②再来月 ③再建 ④再放送
51 ①勢力 ②勢い ③大勢 ④勢
52 ①逆 ②逆らう ③逆転 ④逆上がり
53 ①留学 ②留守番 ③留まる ④留める
54 ①週刊 ②月刊 ③朝刊 ④夕刊

チェックポイント 「勢」の九～十一画目は「九」にならないように注意します。

35ページ

55 ①じゅんじょ ②じょぶん ③じょ
56 ①かこう ②うんが ③かわ
57 ①へんせい ②へんしゅう ③あ
58 ①さんせい ②さん ③さんか
④たんさん
59 ①よぼう ②しょうぼうしゃ ③ふせ
④ぼうし
60 ①こうしゃ ②きしゅくしゃ
③えきしゃ

36ページ

55 ①序 ②序文 ③順序 ④序曲
56 ①運河 ②銀河 ③河口 ④氷河
57 ①短編 ②編成 ③編む ④編集
58 ①酸 ②酸化 ③炭酸 ④酸性
59 ①消防車 ②防ぐ ③防止 ④予防
60 ①校舎 ②寄宿舎 ③駅舎 ④官舎

チェックポイント 「酸」は五画目を右に曲げ、六画目を書きわすれないようにします。「舎」は五画目を長く書きます。

37ページ

1 ①じゅんじょ ②あ ③こうしゃ
④さんか・ぼうし ⑤じょきょく
⑥ぼうふうりん ⑦しゅくしゃ
⑧へんしゅう
2 ①たんさん ②うんが ③びひん
④さいかい ⑤そな ⑥ひょうが
⑦ふたた ⑧さんせい
3 ①せいりょく ②ぎゃくてん
③るすばん ④しゅうかん ⑤さかあ
⑥いきお ⑦ゆうかん ⑧と

38ページ

1 ①順序 ②予防 ③編み ④備品 ⑤酸
⑥序 ⑦序文 ⑧氷河期
2 ①宿舎 ②炭酸 ③予備校 ④再建
⑤運河 ⑥再び ⑦備える ⑧編集
3 ①大勢 ②大河・逆流 ③留守 ④刊行
⑤勢い ⑥朝刊 ⑦逆らう ⑧留め

39ページ

1 ①せいのう・ちょうさ ②たいが ③あ

④もんがま ⑤こうしゃ
⑥ぜいきん ⑦やぶ ⑧こうこく

2 ①じゅじゅ ②ぜんかい ③げんざい
④けいけん ⑤ふけつ ⑥しょうたい
⑦いし ⑧りゅうがく

3 ①しょうめい ②そな ③かのうせい
④ぎゃくじょう ⑤わた ⑥ゆうかん
⑦いんしゅう ⑧ふせ

40ページ

1 ①貯金 ②寄宿舎 ③序文 ④酸
⑤構図 ⑥予防 ⑦所属 ⑧可決

2 ①快晴 ②潔 ③志す ④移る
⑤年賀状 ⑥在校 ⑦実際 ⑧招く

3 ①証明 ②才能 ③留守
④授業・備える ⑤勢い ⑥朝刊
⑦逆立 ⑧再開

41ページ

61 ①みんえい ②えいぎょう ③いとな
62 ①あま ②よち ③よけい ④あま
63 ①とうけい ②でんとう ③とういつ
④けっとうしょ
64 ①ひばん ②ひばいひん ③ひこうしき
65 ①ひじょう ②つねひ ③じょうせつ
④じょうおん
66 ①はつゆめ ②むちゅう ③ゆめ

42ページ

61 ①民営 ②営む ③経営 ④営業
62 ①余る ②余り ③余地 ④余計
63 ①伝統 ②血統書 ③統一 ④統計表
64 ①非公開 ②非 ③非番 ④非売品
65 ①非常 ②常 ③常設 ④日常
66 ①夢 ②初夢 ③夢中 ④悪夢

チェックポイント 「営」は一～三画目はかたかなの「ツ」のように左から順に書きます。「常」は一～三画目をまん中、左、右の順に書きます。「非」は筆順をまちがえないように注意します。

43ページ

67 ①ほうりょう ②ほうさく ③ゆた
68 ①しょくどう ②こうかいどう ③どう
④どうどう
69 ①かべん ②べん ③えきべん
④べんかい
70 ①えいせい ②えいせい ③しゅえい
71 ①ていか ②ぶっか ③とっかひん
72 ①じょう ②じょうやく ③じょうれい

44ページ

67 ①豊漁 ②豊か ③豊か ④豊作
68 ①食堂 ②公会堂 ③堂 ④本堂
69 ①弁解 ②弁 ③花弁 ④弁当
70 ①衛星 ②衛生 ③守衛 ④防衛
71 ①特価品 ②価 ③物価 ④定価
72 ①条 ②条例 ③条文 ④条約

チェックポイント 「価」は六・七画目をまっすぐ下に下ろします。

45ページ

1 ①ゆた ②かべん ③えいせいめん
④どうどう ⑤ほうさく ⑥どう
⑦べんとう・あま ⑧じょうやく

2 ①ゆめ ②とうけいひょう ③よはく
④えいぎょう ⑤じょうれい
⑥えいようか ⑦ていか ⑧ほうふ

3 ①でんとう ②いとな ③むちゅう
④とういつ ⑤よけい ⑥みんえい
⑦ひばいひん ⑧ひじょう

46ページ

1 ①衛生 ②民営 ③非売品 ④非常
⑤豊かな ⑥統計 ⑦余り ⑧条約

2 ①弁 ②堂堂 ③衛星 ④食堂 ⑤弁
⑥常 ⑦悪夢 ⑧伝統

3 ①統一・夢 ②営む ③余る
④定価 ⑤第一条 ⑥豊富 ⑦守衛
⑧駅弁

47ページ

73 ①じょうけん ②べっけん ③ようけん ④じけん
74 ①と ②さいよう ③さいけつ
75 ①しいく ②しりょう ③か
76 ①てお ②そしき ③お ④けおりもの
77 ①びじゅつかん ②しゅじゅつ ③じゅつ
78 ①かんしゃ ②しゃ ③しゃれい ④げっしゃ

48ページ

73 ①事件 ②件数 ③条件 ④用件
74 ①採る ②採用 ③採決 ④採点
75 ①飼う ②飼料 ③飼育 ④飼い主
76 ①手織り ②織る ③織り ④組織
77 ①美術館 ②手術 ③術 ④芸術家
78 ①感謝 ②謝 ③謝礼 ④月謝

チェックポイント 「飼」の「飠（しょくへん）」は「食」とならないように注意します。「織」は十一画目を右へ長く書き、十八画目の点をわすれないように書きます。「術」は八画目の点をわすれないように書きます。

49ページ

79 ①しょうりゃく ②りゃくず ③けいりゃく ④りゃく
80 ①けん ②てんけん ③けんさ ④けんきょ
81 ①もうふ ②ぬのじ ③ぶんぷ
82 ①れきだい ②りゃくれき ③れきせん ④けいれき
83 ①にん ②まか ③にん ④にんき
84 ①しんせいひん ②せいぞう ③せいさく

50ページ

79 ①略図 ②計略 ③略 ④省略
80 ①点検 ②検査 ③検 ④検温
81 ①布 ②毛布 ③分布 ④配布
82 ①歴代 ②学歴 ③経歴 ④歴然
83 ①任 ②任す ③任 ④新任
84 ①新製品 ②特製 ③製作 ④製造

51ページ

1 ①しょうりゃく ②けんさ ③もうふ ④れきだい ⑤りゃく ⑥せい・おりもの ⑦てんけん ⑧ぬのじ
2 ①かんしゃ ②か ③さいよう ④じけん ⑤れき ⑥にん ⑦せいひん ⑧まか
3 ①お ②じゅつ ③しゃ ④しいく ⑤さいけつ ⑥さんけん ⑦にん ⑧びじゅつかん

52ページ

1 ①謝 ②用件 ③布・織る ④美術館 ⑤感謝 ⑥飼う ⑦採る ⑧条件
2 ①検査 ②計略 ③分布 ④歴代 ⑤組織 ⑥手術 ⑦飼料 ⑧採点
3 ①略 ②検 ③毛布 ④歴 ⑤任 ⑥製品 ⑦製 ⑧任さ

53ページ

85 ①ぶあつ ②あつ ③あつ
86 ①べんごし ②ご ③きゅうご
87 ①ふじんふく ②ふじょし ③しんぷ
88 ①さくら ②はざくら ③さくらいろ
89 ①どくりつ ②ひと ③どくりょく
90 ①びん ②まず ③まず

54ページ

85 ①分厚い ②厚く ③手厚い ④厚い
86 ①弁護士 ②護 ③救護 ④護
87 ①婦人服 ②婦女子 ③婦 ④新婦
88 ①桜 ②葉桜 ③桜色 ④夜桜
89 ①独立 ②独り言 ③独力 ④独断
90 ①貧 ②貧しい ③貧しい ④貧

チェックポイント 「独」は「犭（けものへん）」の筆順に注意します。「貧」は一画目と二画目はくっつけないように書きます。

55ページ

91 ①しっそ ②そざい ③そしつ
92 ①つま ②つま ③ふさい
93 ①あつりょく ②あっしょう ③こうきあつ
94 ①せいふく ②せいど ③せい
95 ①せいぎ ②ぎり ③ぎ

56ページ

91 ①質素 ②要素 ③素材 ④素質
92 ①妻 ②妻 ③夫妻 ④妻帯者
93 ①高気圧 ②圧勝 ③圧力 ④電圧
94 ①制服 ②制度 ③制 ④制定
95 ①正義 ②意義 ③義 ④義理

チェックポイント 「制」は同じ音読みの「製」との書きまちがいが多いので注意します。

57ページ

1 ①あつりょく ②そこう ③どくがく ④せいふく ⑤ぎ ⑥せいぎ ⑦しっそ ⑧ひと・さくら
2 ①せい ②ふさい ③おんこう ④ご ⑤あっ ⑥そしつ ⑦あつ ⑧かご
3 ①ふじん ②はざくら ③どくりつ ④びん ⑤しんぷ ⑥せいさく ⑦つま ⑧まず

58ページ

1 ①妻 ②圧勝 ③圧力・制 ④素 ⑤圧 ⑥独身 ⑦平素 ⑧素質
2 ①正義 ②護 ③温厚 ④義 ⑤制度 ⑥妻帯者 ⑦厚い ⑧加護
3 ①主婦 ②葉桜 ③独力 ④貧 ⑤婦人 ⑥桜 ⑦独り ⑧貧しい

59ページ

1 ①せいぞう ②あいご ③どくりつせんそう ④あま ⑤ゆめ ⑥しっそ ⑦ふ ⑧れきだい
2 ①さくら ②あつ ③いとな ④あつりょく ⑤じけん ⑥さいしゅう ⑦しいく ⑧けおりもの・じゅつ
3 ①とっかひん ②つうしんえいせい ③ほうふ ④じょうれい ⑤げっしゃ ⑥しょうりゃく ⑦でんとう ⑧せい

60ページ

1 ①営む ②余り ③略 ④事件 ⑤採点 ⑥豊か ⑦定価 ⑧駅弁
2 ①歴代 ②夫妻 ③葉桜 ④検査 ⑤婦人 ⑥独り ⑦伝統 ⑧制
3 ①非常 ②夢中 ③織る ④人工衛星 ⑤要素 ⑥義 ⑦貧 ⑧手術・任せる

61ページ

1 ①こころざ ②は ③もう ④つく ⑤ことわ ⑥いとな ⑦まね ⑧あらわ
2 (1)①—㋑ ②—㋒ ③—㋐
(2)①—㋐ ②—㋒ ③—㋑
(3)①—㋑ ②—㋐ ③—㋒
(4)①—㋑ ②—㋒ ③—㋐
3 ①ぼぜん ②そこう ③ききん ④じゅんじょ ⑤きんぞく ⑥よういん ⑦しんかん ⑧けいけん

62ページ

1 (1)①証明 ②照明 (2)①観光 ②刊行
(3)①快晴 ②改正 (4)①衛星 ②衛生
2 ①任 ②防 ③夢 ④構 ⑤勢 ⑥余 ⑦招 ⑧在
3 ①快適 ②貯金 ③移る ④再び・報告 ⑤資金 ⑥非常 ⑦新製品 ⑧貧しい

63ページ

1 ①㋐ほう ㋑ゆた ②㋐かく ㋑たし ③㋐さい ㋑と ④㋐ふ ㋑ぬの
2 (順不同)
そしき・ししつ・ぼち・せいけつ
3 ①けんさつかん ②べんごにん ③ちょうさいん ④えいせいへい ⑤しいくいん

4 ①かわ ②こじん ③だいぶつ
④とうべん ⑤せいど ⑥さんみ
⑦とういつ ⑧りゃくれき

64ページ

1 ①近 ②復(来) ③暗

2 ①略 ②現 ③豊

3 ①㋐回 ㋑解 ②㋐営 ㋑衛
③㋐成 ㋑勢 ④㋐開 ㋑快

4 ①逆転・勢い ②同志 ③組織・構成
④墓 ⑤税金 ⑥信条 ⑦愛護
⑧夫妻

65ページ

1 ①㋐めん ㋑せん ②㋐あつ ㋑ざい
③㋐じょう ㋑どう ④㋐とう ㋑ぞく

2 ①—㋓ ②—㋔ ③—㋐ ④—㋑
⑤—㋒

3 ①たいぎめいぶん ②りひきょくちょく
③ごんごどうだん ④しんきいってん

4 ①しゅご ②びじゅつひん ③しんにん
④と ⑤べんかい ⑥かけつ ⑦さんどう
⑧ふっき

66ページ

1 ①適・適 ②独・独 ③再・再
④往・往 ⑤多・多 ⑥百・百

2 ①授 ②個 ③際 ④飼 ⑤性 ⑥証

3 ①平均 ②序文 ③通報 ④余分
⑤個性 ⑥質問 ⑦圧勝 ⑧主婦

67ページ

1 ①㋐ま ㋑ふ
②㋐こころざし ㋑こころざ
③㋐よ ㋑よ
④㋐あま ㋑あま

2 ①だいじん ②かしん ③りゅうがく
④るす ⑤はんべつ ⑥こばん

3 ①さくら ②うめ ③まつ

4 ①ふじん ②ふさい ③じかせい
④きふ・ていあん ⑤あつ ⑥ぶっか
⑦げいじゅつか ⑧けおりもの・あ
⑨てきかく・しじ

68ページ

1 ①原因 ②賛成 ③強制 ④人造
⑤移動 ⑥設立

2 ①能 ②備 ③寄 ④飼 ⑤仏 ⑥貧

3 ①事件 ②酸素 ③常 ④綿 ⑤有意義
⑥校舎 ⑦非力 ⑧検査

69ページ

1 ①㋐き ㋑き ②㋐しょう ㋑しょう
③㋐ちょう ㋑ちょう ④㋐は ㋑は

2 ①—㋒ ②—㋐ ③—㋔ ④—㋑
⑤—㋓

3 ①さか ②いきお ③あつ ④あま

4 ①さらいねん ②あ ③しょぞく
④きんせい ⑤じっさい
⑥しょくどう ⑦かのうせい
⑧しょうげん

70ページ

1 (1)①折る ②織る (2)①説く ②解く
(3)①破れる ②敗れる
(4)①負かす ②任す

2 ①㋐編集 ㋑周辺 ②㋐提案 ㋑安定
③㋐主婦 ㋑夫人 ④㋐写生 ㋑月謝

3 ①妻 ②条件 ③白状 ④増加 ⑤確実
⑥営業 ⑦採集 ⑧資料

メモ